KB107703

슬기로운
의대생활

슬기로운
의대생활

최상위 의대생들이
이제야 털어놓는 특A급 공부법

「의대생TV」출연진 박동호 장지호 함경우 지음

55

CONTENTS

1교시   최고의 자유, 예과 생활

01 '의대생'이라는 약간은 특수한 위치

2교시   의대는 역시 암기의 끝판왕

01 의대 공부의 로망, '해부학기'

02 예과 기초 필수 과목

6교시 슬기로운 의대생활의 모든 것

01 의대생도 대학생이다!

부록

의대생은 어떤 과정을 거쳐
의사가 될까?

흔히 의과대학에는 대한민국 0.1% 수재들이 모인다고 생각한다. 과연 그럴까? 물론 의과대학에 진학하기 위해선 성적이 매우 좋아야 한다. 일반적인 학과에 비해 입학 점수가 높기 때문이다. 그렇다고 모두 보통 사람들을 뛰어넘는 재주를 가진 비범한 사람들은 아니다. 물론 그런 사람들도 있겠지만 그렇지 않은 경우도 많다. 혹시라도 의대를 목표로 학습 계획을 세운 중고등학생이 이 책을 읽고 있는데 자신이 0.1% 수재가 아니라고 생각해 미리 포기하려 한다면 그 생각을 버리라고 하고 싶다. 수재는 자신의 노력에 따라 만들어질 수 있다.

처절한 입시 지옥을 치르고 의과대학에 진학하면 모든 게 편안할까? 우선 의과대학에 합격한 순간, 가족과 친척들에게 선망의 대상이 된다. 친구들 사이에서도 '의느님'이 되어 훗날을 부탁받곤 한다. 마치 바로 의사가 된 것처럼 주위 사람들의 관심 대상이 되는 것이다.

"나중에 무슨 과를 갈 거니? 치과가 좋다더라…….."
"벌써 금수저네. 의사 연봉이…….. 돈만 버는 의사 말고 참의사가 되거라."

의과대학에 합격했을 뿐인데 많은 사람들의 관심을 받다 보니 자신 또한 벌써 의사가 된 듯한 느낌이 든다. 그리고 앞으로 일어날 일들에 대한 기대도 부풀어오른다.

의과대학의 경우, 입학 전부터 신입생 단톡방이 만들어지고 지역이 가까운 선배한테 연락이 온다. 그러면 진짜 실감이 난다. 선배들에게 술을 얻어먹으며 이런저런 얘기를 듣는다. 그렇게 입학 전부터 정신없이 지내다 보면 어느덧 입학식이 끝난다.

그리고 예과 1학년이 된다. 의과대학의 경우 다른 과와는 달리 6년제다. 예과 2년과 본과 4년으로 구성된다. 예과 1학년에는 의학 용어를 배우면서 기본 교양과목을 배운다. 이때는 공부량이 그리 많지 않아 시간적 여유가 많다. 그래서 동아리 활동을 할 수 있고, 과외 아르바이트를 통해 용돈을 벌 수도 있다. 교양수업을 들으면서 다른 과의 친구들과도 친해진다. 한마디로 말하면 예과 1학년은 최고다.

예과 2학년이 되면 이때부터 의대에 온 실감이 난다. 그리고 의학의 기초과목부터 시작해 해부학을 배운다. 이때 카데바Cadaver, 연구 목적을 위해 기증된 해부용 시체를 처음 접한다. 예과 1학년 때 느긋했던 생활에 빠져 있다면 예과 2학년 생활을 잘해낼 수가 없다. 예과 1학년과 예과 2학년은 마음의 준비가 달라야 한다. 일부 친구들은 이때부터 유급을 당하기도 한다. '나도 공부 좀 했던 사람인데, 그래도 3.5점 기본으로 맞겠지'라고 생각한다면 큰 오산이다. 유급 기준 2.0점을 맞출 수 없을지도 모른다. 그러니 이때부터 시간을 잘 활용하면서 자신만의 공부법을 찾아야 한다.

다행히 유급을 당하지 않고 본과 1학년이 되면 살인적인 공부량에 압도될 것이다. 이때부터 임상과목을 배우기 때문이다. 「의대생 TV」에 게재되어 있는 의대생 영상들을 보면 공부량에 고통을 받는 본과생들이 나올 것이다. 설마 매주 시험을 보겠냐고 의심했다면 그 의심을 거뒀으면 한다. 진짜다. 하루 8교시를 꽉 채워 수업을 하고, 한 교시에 최소 ppt 50장씩이니, 그날 복습도 제대로 끝내지 못할 수도 있다. 겨우 1회독을 하고 새벽 3시에 잠이 들면, 다음 날 또 다시

ppt 400장이 쌓인다. 그렇게 5~6일이 반복되고 바로 토요일에 시험을 본다. 이걸 서너 달 정도 지속해야 한다. 즉, 죽을 맛이다. 본과는 죽음의 시간이다. 아마 의사 인생에서 가장 힘든 시기들 중 하나가 바로 이 본과가 아닐까 싶다. 더욱이 본과 1학년 때는 내과, 외과, 산부인과, 소아청소년과 같은 메이저 과목을 배우는데 이것들은 어려우면서 심도가 깊다. 그래서 더 힘들다.

본과 2학년이 되면 마이너 과목들을 많이 배운다. 정형외과나 정신과 등 꽤 흥미 있는 과목들도 있다. 그래서 본과 1학년 때만큼 힘들지는 않으나 그래도 본과는 역시 본과다. 본과 1학년 때 이미 지옥 같은 삶이 익숙해져서 그런지는 몰라도 그래도 본과 2학년은 적응할 수 있다. 이 익숙함은 사실 자유로운 삶을 포기했다는 의미와도 같다. 그렇게 수많은 과목들을 배운다.

본과 3학년이 되면 드디어 병원 실습을 나간다. 병원실습용 가운도 맞추고, 실습 조를 짜서 모든 과를 한 번씩 돌게 된다. 본과 때 배웠던 메이저와 마이너 과목을 다 돌면서 실제 임상을 경험한다. 사실 학교에서의 학습과 병원에서의 배움은 많이 다르다. 매주 케이스 발표Case Presentation를 하면서 의사가 되기 위한 과정을 밟아간다. 실전에서 분투하는 선배와 교수들 그리고 환자들의 모습을 보면서 자신만의 '의사다움'을 그려보는 계기가 된다. 나름의 고충이 있지만 뜻깊은 시간이 아닐 수 없다.

본과 4학년이 되면 의사가 되기 위한 마지막 관문인 의사국가시험 실기와 필기를 준비한다. 필기는 본과 시절 공부했던 모든 것들이 나오기에 공부량이 방대하다. 빈번하게 출제되는 대표적인 질환들이 있지만, 기본적으로 시험은 전 범위다. 실기는 임상수행능력평가Clinical performance examination, CPX와 임상술기시험Objective Structured Clinical Examination, OSCE이 통합되어 진행된다. 기본적으로 환자를 어떻게 만나고 대화하는지부터 환자가 어떤 질환을 가지고 있는지, 어떤 검사를 계획해야 하고 진찰은 어떻게 해야 하는지를 평가받는다. 의사국가시험의 합격률은 높기 때문에 합격의 유무가 중요한 것이 아니라 고득점을 맞아야 나중에 좋은 병원에서 인턴을 하고 좋은 과를 지망하는 데 유리하다. 끝없는 경쟁인 셈이다.

의사국가시험에 합격하면 의사 면허가 나온다. 그리고 드디어 6년 동안의 의과대학 생활에 종지부를 찍게 된다. 즉, 졸업인 것이다. 하지만 기쁨도 잠시, 예비 의사들은 어느 병원에서 인턴 생활을 할지를 고민해야 한다. 이때 어디서 수련을 받는 것이 좋은지 혹은 편한지, 원하는 과에 들어갈 수 있는 가능성이 있는지를 잘 따져봐야 한다. 의사가 되고 수련을 시작하는 순간부터 자유시간은 거의 없다고 해도 무방하다. 인턴으로 활동할 때도 36시간 당직과 수많은 환자들을 만나면서 의학 공부를 게을리하면 안 된다. 우리들의 선택으로 환자의 상태가 달라질 수 있기 때문에 늘 긴장을 하며 살아야 한다.

자신과의 끝없는 경쟁.

의사는 수없이 자신과 경쟁하면서 싸워 이겨야 한다. 다른 과는 동기생이 경쟁자가 될 수 있지만 의과는 그런 측면이 좀 약하다고 할 수 있다. 서로 상부상조를 해야 좀더 수월하게 환자를 진료할 수 있기 때문이다. 대신 의사는 자신과 싸워야 하는 것이다. 그래야 아픈 사람이 건강하게, 불편한 사람이 편안하게, 걱정이 많은 사람이 걱정을 덜면서 살 수 있다. 이것이 우리의 숙명이다.

2021년 여름

박동호

0교시

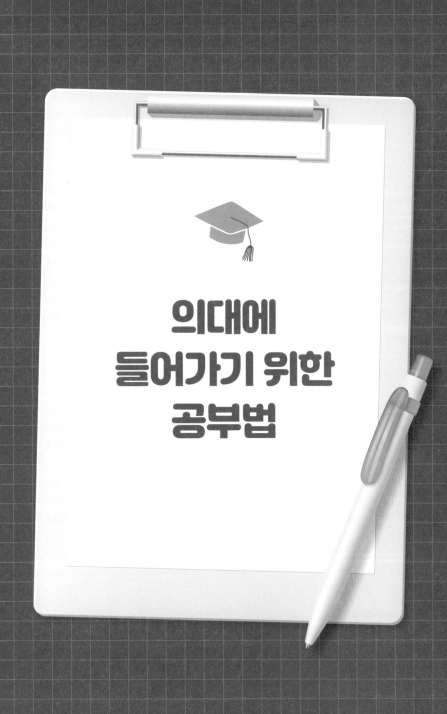

의대에
들어가기 위한
공부법

01 내신 성적은 왜 중요한가?

고등 내신,
현타에 흔들리지 말자

만약 여러분이 의대를 목표로 두고 있다면 고등학교 때의 공부나 입시 전략을 잘 준비해야 한다. 내신과 수능과의 균형 조절은 정말 어려운 일로, 학교의 분위기나 특성 그리고 개개인의 등수에 따라서 전략이 달라질 수 있다. 따라서 이 책에서 개인 맞춤형 내신 전략을 제시할 수는 없다. 이 부분은 공교육과 사교육의 도움을 통해 자신의 현실적 위치를 정확하게 인지하고, 그 안에서 자신만의 능력을 최대한 끌어낼 수 있는 입시 계획을 세우는 것이 좋다.

다만 여러분의 선배로서 그리고 의대에 들어간 사람으로서, 내신을 준비하는 마음가짐에 대해 이야기하고자 한다. 이런 것 말고 당장 성적을 올려줄 공부법을 원한다고? 그런 것은 없다. 여러분이 간과해서 안 되는 것이 고등학교 1학년부터 3학년까지의 3년 동안 내신 성적을 염두에 두고 공부해야 한다는 점이다. 긴 시간 동안 쉬지 않고 달려야 하는 마라톤과 같은 고등학교 생활은 절대로 빨리 달려선 안 된다. 그러면 지친다. 지쳐 쓰러지면 다시 시작할 수도 없다. 입시 전략은 마인드 게임일 수도 있다. 천천히 지치지 않고 나아갔을 때 얻는 성취기에, 멘탈 관리도 굉장히 중요하다.

어떤 학생은 고등학교 2학년 때까지 상위권에 있었는데 막상 수험생이 된 후 자신이 지원할 수 있는 대학교를 파악한 후 기대한 것과는 달라서 현타가 왔다고 한다. 살짝 흔들리는 마음에 공부를 멀리하다 보면, 성적이 낮아질 수 있기 때문에 멘탈 관리가 가장 중요할 수도 있다. 만약 여러분의 내신 성적이 최상위권이라면 이를 유지하기 위해 최선을 다해야 하고, 중위권이면 상위권으로 가기 위해 최대한 노력해야 한다. 그 순간 최선을 다하면 여러분이 다닐 수 있는 대학 네임이 달라질 수 있다.

내신을 버리고
수능에 올인한다?

가끔 "내신을 버리고 수능에 올인한다"는 수험생들의 이야기를 듣곤 한다. 사람마다 이 말의 뜻을 받아들이는 방식은 다르겠지만, 적어도 '내신을 버린다'는 마음가짐은 수험생으로서 지양해야 한다. 내신 점수만으로 최상위 대학을 가기 위해서는 꾸준하게 1등급을 유지하는 게 필요한데 이는 정말로 어려운 일이다. 내신보다 수능에 집중하고 싶은 마음 또한 백 번 이해한다. 그렇다고 해서 내신을 아예 포기하는 것은 정말로 어리석은 행동이다. 내신은 수시전형의 합격률을 좌우할 뿐만 아니라 대학수학능력시험에서도 당락을 좌우한다. 내신을 포기한다는 말은 대입을 포기한다는 말과도 같다.

내신 기간에는
내신에만 신경쓰자

내신 점수로 최상위 대학을 가기 어렵다고 해서 내신을 포기할 필요는 없다. 아마 내신 기간이 되면 많은 학원들이 내신 준비를 위한 커리큘럼을 만들거나 수능 대비 강의 비중을 줄이고 내신 강의에 힘을 쏟기 시작할 것이다. 이때 다른 학생들은 모두 내신을 준비하는데 자신만 수능 공부를 한다고 해서 효과적인 공부를 하기는 어렵기 때문에 차라리 다 같이 밀도 있게 공부하는 과정을 거쳐 한 단계 성장하는 것을 목표로 하는 것이 중요하다.

단, 내신등급에 너무 스트레스를 받지 않는 것이 좋다. 내신 최상위권은 한 학교에 5명 미만이 받을 수 있는 점수다. 여러분이 최상위권에 들어가 잘 유지한다면 매우 좋겠지만 그렇지 못한다고 해서 의대 진학의 기회가 주어지지 않는 것은 아니다.

내신 공부는 수능을 위한 밑거름이다. 내신 공부를 통해 수능 시험에 필요한 실력을 늘릴 수 있으며 추후에 수시전형을 위한 기회로도 활용할 수 있다. 아마 이 책을 읽는 여러분 중에는 지금보다 한 단계 발전하고 싶은 열정 있는 학생들이 많을 것이라고 생각한다.

이 책의 저자 중 한 명이자 이 단락을 집필한 나 또한 고등학교 1학년 진입 후 첫 시험에서 전교 1등을 목표로 치열하게 공부했지만, 막상 성적을 받아보니 절대 넘을 수 없는 벽에 부딪힌 느낌을 받은 적이 있다. 그때부터 내신 최상위권을 받기 어려울 것이라는 직감을 했고, 실제로도 3년 내내 최상위권에 진입한 적은 한두 차례를 제외하고는 없었다.

그러나 포기하지 않고 악착같이 내신 공부를 했다. 수능을 위해서 그리고 자신의 실력을 위해서 열심히 공부했다. 그 결과 수능 점수도 많이 올라서 괜찮은 대학교에 지원할 만큼 등급을 유지하기도 했다. 그러니 내신 기간에는 내신 성적에 집중하는 것이 가장 좋다.

모의고사, 진심을 다하되
신뢰하지 말자

약간의 차이는 있겠지만 본격적으로 수능에 대한 압박이 찾아오는 시기는 고등학교 2학년 말 겨울방학부터다. 이때부터 고등학교 3학년을 준비해야 하는데 일 년의 여정을 시작하기 전 마지막 점검을 하게 된다. 짧다면 짧고, 길다면 긴 일 년의 수험 생활을 바람직하게 보내려면 어떤 준비가 필요할까?

수험 생활 내내 많은 종류의 시험을 보게 된다. 학교 내신시험, 교육청 및 평가원 모의고사, 각종 사설이나 학원 모의고사 등 크고 작은 시험을 치른다. 시험의 연속이라고 해도 과언이 아닐 정도로 자신의 능력을 평가받는다. 물론 이것이 굉장한 압박이 되면서 고3병이 시작되기도 한다.

그렇다 하더라도 모의고사는 실전수능을 준비하기 위한 좋은 지표가 될 수 있다. 3월 교육청과 6월과 9월 평가원 모의고사 점수가 전국 수험생들의 수준과 자신의 위치를 동시에 보여주기 때문에 좋은 점수를 받는 것이 중요하다.

실제로 각각의 시험들은 해당 시기에 학생들이 갖추어야 할 실력들을 제시하는 문제들로 구성되어 있기 때문에, 이 시험을 잘 보지 못했다면 반성하고 더 열심히 공부를 해야 하는 게 맞다.

예를 들어 3월 모의고사는 고등학교 3학년이 학기 초에 갖추어야 할 실력을 기반으로 출제된다. 따라서 학생들이 이를 좋은 점수로 통과하는 것이 가장 기본적인 목표가 되어야 한다. 자신의 목표가 수능 상위권이라면, 3월 모의고사에서도 상위권에 들어가기 위해 철저하게 준비해야 한다.

반대로 3월 모의고사에서 100점을 맞았다고 해서 6월, 9월, 수능 등의 시험을 잘 볼 것이라고 기대하는 것 또한 어리석은 생각이다. 3월 모의고사를 잘 치른 학생들은 수험 생활의 첫 단계를 잘 통과했다고 인지하고, 다음을 위해 다시 치열하게 준비하는 자세가 필요하다. 즉, 자신의 모의고사 점수를 신뢰하면 안 된다는 의미다.

결론적으로 각종 시험의 중요도와 상관없이, 고등학교 3학년 수험생이라면 모든 시험에 진심을 다하는 자세가 중요하다. 다만 시험에 일희일비할 필요는 없다. 시험 점수가 좋다면 이를 발판 삼아 다음 단계로 나아갈 준비를 더욱 철저하게 해야 하고, 시험 점수가 낮다면 현재 자신의 위치를 빠르게 파악하고 성적을 올리기 위해 더욱 열심히 공부해야 한다. 그렇기에 모의고사는 진심을 다하되, 신뢰하면 안 된다.

수능 50일 전엔
무엇을 해야 할까?

수능 약 50일 전인 10월에 접어들면서 초조함이 찾아온다. 부족한 점은 계속 늘어나는데 D-Day는 점점 다가오기 때문이다. 초조함을 이기지 못하는 학생들은 계속해서 새로운 자극을 찾아 나서며 더 어려운 문제를 찾거나 새로운 문제를 최대한 많이 풀려고 한다. 수능 전까지 자신의 부족함을 메꾸기 위해 노력하며, 무언가를 계속 채우려는 강박이 생기기도 한다. 하지만 이러면 압박은 더해지고 스트레스는 극에 달한다. 적당한 긴장감은 능률을 높이지만 최대의 긴장감은 능률을 떨어뜨리기도 한다.

수능 50일 전부터는 새롭거나 어려운 문제에 도전하기보단 시험에 대한 감을 유지하는 정도로 그 비중을 줄이고, 지금까지 해온 학습을 체계화하며 틀린 문제들을 복습하고 반복하고, 아직 완전히 이해하지 못했던 개념을 다시 한 번 체크해보는 것이 중요하다. 즉, 지금까지 해온 공부를 정리하는 시간이 필요한 것이다.

고등학교 3년 동안 수험생들은 많은 공부를 해왔기 때문에 공부 경험이 축적됐을 것이다. 이 모든 것들이 단순히 경험으로 남으면 안 된다. 이때부터는 '지금부터 보는 내용이 수능에 나왔을 때, 절대로 틀리지 않겠다'는 각오가 있어야 한다. 많은 학생들이 이 과정을 놓쳐 수능에서 본 실력을 발휘하지 못하는 불상사가 생기곤 한다. 복습과 오답, 이것이 수능을 대비하는 마지막 요령일 수 있으니, 이 점을 간과하지 말자.

공부를 효율적으로 하기 위한 기술

공부 기술을 올리기 위한 습관

의대생들의 학창 시절을 살펴보면 지역마다 학교마다 학풍이 매우 다르다는 점을 알 수 있다. 어떤 학교는 매우 엄해서 그 학교를 다닌 학생은 정석적으로 공부하는 방법을 선호하는 반면 어떤 학교는 매우 개방적이라서 그 학교를 다닌 학생은 어디서든 자유롭게 공부하는 방법을 좋아한다. 제각각 자신에게 익숙하고 잘 맞는 공부 습관이 있기 때문에 어느 것이 더 좋다고 할 수는 없다. 가장 좋은 것은 자신에게 맞는 공부 습관을 찾아 그것에 익숙해지는 것이다. 최상의 공부 컨디션을 유지하기 위해 하루 일과를 어떻게 보내야 하는지를 파악한 후, 그것을 유지하면 된다.

습관은 오랜 시간 매인 행동을 의미하기 때문에 한 번 길들이면 바꾸기가 쉽지 않다. 기존에 형성된 습관을 바꾸는 것은 새로운 습관을 만드는 것만큼이나 시간과 노력이 필요하기 때문에 초등학교 시절부터 자신만의 주도적인 학습 습관을 만드는 것이 가장 좋다.

사실 이런 이야기를 하는 것이 조금은 민망하지만 어느 대학이든 의과에 입학했다는 것은 기본적으로 고등학교 때 어느 정도 공부를 한 학생이라는 증거다. 그리고 의대에 들어오면 공부량이 고등학교 때와는 차원이 다르기 때문에 공부법에 정통한 이들이 많다. 그것을 하나하나 끄집어냈다가는 여러분이 당혹스러울 수도 있기에 여러분이 쉽게 따라할 수 있는 방법을 제시하고자 한다.

아침밥을 먹으며 꼭 신문 읽기

수많은 학습법에서 공통적으로 지목하는 것이 읽기 능력문해력이다. 즉, 글을 읽고 이해하는 능력이 떨어지면 글의 의미를 파악하지 못한다. 우리가 글을 읽는 것은 그 글이 의미하는 바를 판독하는 것이기 때문에, 읽기 능력이 좋아야 학습 능력이 높아진다. 특히 시험 지문을 정확히 인지해야만 정답을 맞힐 확률이 높아지기 때문에 어릴 적부터 문해력을 높이는 과정은 매우 중요하다. 초등학교부터 고등학교까지의 성적은 문해력에 따라 달라지기도 한다.

문해력을 높이기 위해선 어릴 적부터 책과 신문을 많이 읽어야 한다. 특히 신문의 사설을 읽고 글이 주장하는 바를 인지하는 습관을 들인다면 시험 문항의 의미 파악이 쉬워진다.

고등학생의 경우, 공부량이 많기 때문에 신문을 따로 읽는 시간이 주어지지 않을 수 있다. 이럴 때는 아침밥을 먹으면서 신문을 읽어보자. 많은 어머니들이 아침밥 먹을 때 신문을 읽는 것을 좋아하지 않을 수도 있지만 시간 효율 차원에서 이 방법을 활용하는 것도 한 방법이다.

특히 신문을 읽게 되면 그날 아침에 세상 돌아가는 이야기를 알 수 있다. 그것과 동시에 하루를 매우 활기차게 시작할 수 있는 기분도 느낄 수 있다. 아침밥은 질병을 예방하고 뇌를 활성화시키기 때문에 공부량이 많은 수험생의 경우 큰 도움이 될 것이다.

졸릴 때마다 양치하기

아침에 일어나면 졸린 눈을 비비며 가장 먼저 하는 일이 양치와 세수다. 물론 아침밥을 먼저 먹는 사람들도 있겠지만 양치를 거르는 사람은 없기에 순서는 중요치 않다. 양치를 한 순간 몸의 세포들이 활성화되면서 각성이 되기 때문에 양치는 잠을 깨우는 촉매제가 될 수 있다.

졸릴 때마다 양치하는 습관을 들이면 잠이 부족한 고등학생의 경우 도움이 많이 된다. 수업 시간 살짝 졸린 기운이 몰아치면 쉬는 시간에 양치하는 습관을 들이는 것도 의대생 선배로서 큰 도움이 된다는 것을 알려주고 싶다. 양치가 어렵다면 찬물로 입을 헹구는 것만으로 각성이 된다.

특히 아침 수업이 시작되기 전 양치를 하면 큰 도움이 된다. 대개 아침에는 잠이 확 사라지기 전이라서 그 상태로 수업을 들으면 1교시부터 졸린 현상이 계속 이어질 수 있다. 하루의 아침을 개운하게 시작하기 위해선 수업이 시작되기 전 양치하는 습관을 추천한다.

점심시간을 알뜰하게 활용하기

공부 잘하는 사람들이 공통적으로 강조하는 것이 자투리 시간의 활용이다. 자투리 시간의 활용은 단순히 짧은 시간에 몰입해 공부하는 것을 넘어서 수험생의 24시간을 살펴봤을 때 매우 중요한 자산이 된다.

시간을 잘 활용하면 공부 분량을 늘릴 수 있고 집중도가 높아져 공부 성과가 높아진다. 특히 자투리 시간을 잘 활용하면 짧은 시간 안에 무언가를 마쳐야겠다는 일념이 생기기 때문에 집중도가 확 올라간다.

특히 자투리 시간 중 가장 활용도가 높은 시간대가 점심시간이다. 하지만 약간이라도 쉴 수 있는 시간을 공부에만 매달리는 것은 능률이 오르지 않을 수 있다. 이럴 때는 일주일에 두세 번 요일을 정해 그날만 활용하는 것도 좋다.

다만 점심시간은 한정되어 있기 때문에 긴 시간을 요하는 공부보단 짧은 시간에 간단하게 살펴볼 수 있는 암기노트나 오답노트를 읽어보는 것을 추천한다.

공부한 후 자신에게 칭찬하고 보상하기

많은 의대생들이 게임을 정말 좋아한다. '이렇게까지 게임을 좋아하는데, 어떻게 참고 공부했지?'라는 생각이 들 정도로 게임을 좋아한다. 하지만 신기하게도 게임 시간을 정확하게 지킨다.

고등학교 때를 생각해보면 365일 하루도 쉬지 않고 공부를 했던 것은 아니었다. 공부에 치중해야 했지만 쉬는 시간도 있었고, 노는 시간도 있었고, 게임하는 시간도 있었다. 다만 하루 공부 일정에 방해가 되지 않도록 시간을 철저하게 지켰다. 다소 공부에 지칠 때면 30분 정도 쉬면서 자신이 하고 싶은 것을 하며 보내는 것도 다시 공부할 힘을 충전하는 데 도움이 될 수 있다.

특히 야간자율학습을 최대한 활용해 공부 밀도를 높이고, 그것이 끝나면 자신에게 주는 작은 보상으로 칭찬과 함께 정말 하고 싶었던 무언가를 하는 것도 내일을 더 충실하게 달릴 수 있는 원동력이 될 수 있다.

시간을 알뜰하게 사용하기 원한다면
스터디플래너를 활용하라

공부를 체계적으로 하기 위해 스터디플래너가 필요할 때가 있다. 스터디 플래너를 잘 활용하기 위해선 자신의 목표를 정하고, 그것을 이루기 위한 방법과 계획을 세워야 한다. 월 단위로 세우는 게 가장 좋지만 그것이 힘들다면 학기 단위로 작성하는 것도 한 방법이다. 특히 목표를 정하고 세부 계획을 세우면 동기부여까지 지속적으로 전달받을 수 있어, 멘탈 관리에도 좋은 영향을 미칠 수 있다.

또한 스터디플래너는 시간별로 자신이 무엇을 공부해야 하는지를 정리할 수 있기 때문에 공부 체계가 바로 서고, 어떤 시기에 어떤 공부를 해야 하는지 쉽게 파악할 수 있어 학습 방향이 정돈된다.

월간 계획

학교생활은 시험 외에 교내 대회부터 수행평가 등 일정이 많다. 수많은 일정을 조화롭게 치르기 위해선 일정 관리가 매우 중요하다. 혹시나 잘못해 일정이 엇갈리거나 잊어버리면 성적을 올리거나 유지하는 데 방해가 된다.

월간 계획은 이런 것을 방지하기 위해 도움이 된다. 매월 1일이 되면 그 달 안에 치러야 하는 시험이나 수행평가 등을 기록하고, 과목별로 공부 목표를 세워 체크한다. 예를 들어 한국사를 공부한다 치면 월별에 맞는 단락을 구분해 그 달에 끝내야 할 단락을 목표로 정하고 공부 계획을 세우는 것이다. 그 일정에 맞춰 공부 시간을 정하면 시간을 체계적으로 관리할 수 있다.

주간 계획

월간 목표를 정했다면 이제는 주간 목표를 설정할 차례다. 한 주 동안의 목표 공부량과 달성 목록을 구분해 기록한다면 한 주의 여정을 쉽게 확인할 수 있다.

일일 계획

일일 계획은 자신이 그날 무엇에 집중해야 하는지 파악한 후, 그날은 그것에 몰입하는 것이다. 일일 계획은 그날 우선순위에 맞춰 공부 계획을 세우는 것으로 하루를 알차게 보냈으면 주간에도 좋은 영향을 미쳐 주간에 이룰 목표량에 가까워진다. 하루하루가 모여 주간이 되듯, 공부하는 사람들은 하루도 허투루 쓰면 안 된다.

특히 하루 공부를 마무리하고 난 후, 공부한 것과 계획한 것을 비교해보면 하루의 목표량이 어떤지 쉽게 파악할 수 있다. 공부 완성도에 대한 점수를 매기는 것도 좋다. 그리고 어떤 점을 잘 지켰고, 어떤 점을 못 지켰는지를 비교하면서 자신에게 스스로 피드백을 하는 시간을 갖는 것이 좋다. 자신의 실행력을 평가할 수 있는 기회다.

만약 이것이 매우 힘들다면 가볍게 일기로 대체해도 무방하다. 오늘 하루를 10점 만점으로 표현하면서, 그날 자신이 얼마나 집중을 했는지, 그날 하루를 얼마나 뿌듯하게 보냈는지에 대해 고민하고 리뷰하는 시간을 갖게 되면 자신의 생활 태도를 보다 객관화할 수 있다.

03 공부 기본기를 올리는 방법

**최고의 성적은
공부 역량에 따라 달라진다**

학습과 시간 관리를 효율적으로 사용하는 것이 공부 기술에 해당한다면 공부 역량은 공부를 잘하기 위한 기본기에 해당한다. 즉, 시험이나 평가에 필요한 공부 능력인 것이다.

공부 역량에는 집중력, 이해력읽기능력포함, 암기력 등이 있다. 이것은 개인 능력에 따라 달라지지만 기본적으로 훈련을 통해서도 높일 수 있다. 그래서 초등학교 때부터 책을 많이 읽을수록 이해력과 읽기 능력이 높아진다. 그래서 많은 학습법에서 독서 습관을 그렇게 강조하는 것이다.

사실 의대에 들어와서 더 확실하게 느낀 점이 있다면 개인차에 따른 공부 역량이다. 즉, 상위권에서 놀았다는 학생들 중에서도 '머리'가 차이가 난다는 의미다. 물론 지능도 한몫을 하겠지만 지능 못지않게 차이가 나는 것이 공부 역량이라고 할 수 있다.

만약 현재 여러분이 성적이 잘 오르지 않는다면 자신의 공부 역량을 체크해보는 것도 도움이 될 것이다. 자신에게 부족한 부분이 있다면 그 능력을 높이기 위한 훈련에 들어가야 한다. 공부는 고등학교 때만 하는 것이 아니다. 대학교에 들어와선 더 심도 깊은 지식을 배워야 하기에 공부 역량의 차이가 미래의 진로를 바꿀 수 있다.

집중력이 높아지면
공부 질이 달라진다

집중력은 몰입 능력과도 연관이 되는데 깊이 파고들거나 빠져 있는 상태를 말한다. 집중력이 높으면 짧은 시간 공부해도 더 많은 내용을 머릿속에 저장할 수 있다. 특히 몰입을 잘하면 주변의 방해되는 것에 영향을 받지 않아 환경적 스트레스가 줄어들기 때문에 장기간 공부에 열중할 수 있다.

조용하게 책상에 앉아 책을 읽는다고 해서 모든 학생이 공부하는 것은 아니다. 어떤 아이는 머릿속에 온갖 잡생각으로 책의 글씨를 읽지 못하고, 어떤 아이는 반 정도 눈꺼풀이 내려앉을 수 있다. 이럴 경우 집중력이 낮아서 공부에 몰입하지 못하는 경우다.

특히 요즘은 공부에 방해되는 기기들이 너무 많다. 휴대폰은 물론 게임기도 갖고 있는 학생들이 많기 때문에 그것들의 유혹이 만만치 않을 것이다. 더군다나 집중력이 낮으면 연필을 잡고 책에 밑줄을 그어도 눈은 휴대폰에 가 있는 경우가 많을 것이다.

공부를 잘하기 위해선, 공부의 질을 높이기 위해선, 이 모든 것에 영향을 받지 않는 몰입의 상태를 유지해야 한다. 집중력이 낮다면 우선은 집중력을 높이는 훈련을 해야 한다.

시간 배분하고 보상하기

집중력이 지속되는 시간은 30~90분이라고 한다. 아무리 오랜 시간 공부한다고 해도 집중하지 못하고 앉아만 있으면 척추에 무리가 갈 수 있다. 집중력을 높이는 가장 좋은 방법은 집중력이 유지되는 시간인 45분 동안 공부에 열중하고, 15분간씩 쉬는 패턴을 갖는 것이 좋다.

15분의 쉬는 시간엔 자신이 하고 싶은 일을 한다. 15분간의 작은 보상은 도파민의 분비를 촉진시킨다. 도파민은 즐거운 미래를 기대할 때 대량 분비된다고 하는데 이것은 집중력을 높이는 효과가 있다.

방해되는 기기 치우기

공부할 때는 방해되는 기기를 치우는 것이 좋다. 정보화 시대에 맞춰 시청각 정보를 주는 수단은 매우 많다. 특히 휴대폰은 시간 잡아먹는 귀신이 될 수 있으니, 공부할 때만이라도 책상에서 휴대폰을 치우는 것이 좋다.

명상하기

사람이라면 잡생각으로 머릿속이 혼란스러울 때가 있다. 컴퓨터도 과부하가 걸릴 때가 있는데 사람은 오죽할까. 이는 집중력이 높은 사람도 마찬가지다. 이럴 때는 눈을 감고 심호흡을 해보자. 호흡을 느끼는 것만으로도 정신을 집중할 수 있다. 45분간 집중해서 공부한 뒤 쉬는 시간에 심호흡을 하며 명상을 하는 것도 다음 공부의 질을 높이는 데 도움이 된다.

이해력을 높여야만
성적이 오른다

이해력은 공부 내용을 파악하고 적용하고 분석하고 다른 무언가와 연관을 지을 수 있는 능력이다. 즉, 공부 내용을 머릿속에 쏙쏙 박히게 하는 인지 능력에 속한다. 이해력이 높으면 소화할 수 있는 공부 내용이 많아진다. 질적으로 높은 수준의 공부를 할 수 있기 때문에 절로 공부 성과가 높아진다.

고등학교 때의 성적은 수업 시간 선생님의 말들을 얼마나 잘 이해하느냐에 따라 달라질 수 있다. 한 마디를 하면 척하고 알아들어야 공부 시간도 단축된다.

반면 이해력이 낮으면 공부 속도가 느리고 선생님의 말도 이해하지 못해 수업 내용을 따라가기 힘들고 공부 시간도 오래 걸린다. 그리고 단순히 내용을 암기하는 비효율적인 학습으로 이어질 수 있다. 이해도 못하는데 무조건 외워야 하니 공부가 얼마나 재미없을까? 이런 식으로 공부를 지속하게 되면 공부에 대한 흥미만 떨어질 뿐이다.

만약 여러분이 이해력이 낮다면 남들의 2배 정도를 더 공부해야 한다. 수업 이해력을 높이기 위해선 예습을 통해 수업 내용을 미리 인지하고, 수업이 끝난 뒤에는 복습을 통해 완벽하게 이해하는 습관을 가져야 한다. 특히 모르는 단어가 있다면 사전을 통해 정확한 의미를 확인하고 어떻게 활용되는지를 살펴봐야 한다. 이것이 이해력을 높이는 훈련이 될 수 있다.

암기력은
시험 성적을 좌우한다

국어, 영어, 수학 성적은 낮아도, 한국사 성적은 높은 학생들이 있다. 이는 암기력이 높기 때문이다. 암기력은 시험 성적과 직결되기 때문에 매우 중요하다. 특히 의과대학의 과목 중 해부학은 암기력이 좌우한다고 해도 과언이 아니다. 아쉽게도 암기력이 낮으면 공부 내용을 잘 떠올리지 못하거나 오류가 발생하기 쉬워 시험 성적이 낮아질 수 있다. 이는 공부 동기와 효율을 떨어뜨리는 원인이 되기도 한다.

공부를 잘하든 못하든 모든 학생들은 각자 자기만의 암기 방식을 가지고 있을 것이다. 그리고 그 방법도 천차만별이다. 여러 번을 읽거나 하나하나 곱씹으면서 암기하거나 쓰면서 외우는 등 방법도 다양하다. 자신에게 가장 잘 맞는 암기법을 따르는 것도 중요하지만 나름 효과가 있는 방법을 알아두는 것이 좋다.

그중 하나는 스토리텔링이다. 암기해야 할 내용들이 있으면 앞글자만 따서 스토리를 만드는 것이다. 우리가 흔히 아는 '태정태세문단세'와 같은 방법들이 이와 같은 측면의 암기법일 것이다. 다른 하나는 가르치는 것이다. 시험 보기 전 미처 그 부분을 암기하지 못한 친구가 있다면 그 친구에게 자신이 암기했던 부분을 가르쳐주는 것이다. 말로 설명하면서 다시 한 번 머릿속에 집어넣는 것이다. 이것은 굉장히 효과가 좋아서, 몇 번 설명해주면 암기하려고 노력하지 않아도 저절로 머릿속에 각인이 된다.

다만 효과가 좋다고 해서 다양한 방법을 활용하는 것보단 효과가 좋은 한 가지를 뚝심 있게 파고드는 것이 시간 효율적인 측면에서 도움이 된다.

최상위권을 위한 고등 필수 공부법

의대생들이 실행한 공부 전략

앞에서 공부에 대한 기술과 역량에 대해 살펴보았다. 이 단락에선 실질적으로 어떻게 공부해야 하는지를 살펴보자. 고등학생이 되면 최상위권 진입을 원하는 학생들과 중간권 진입을 원하는 학생들로 나뉜다. 모든 학생들이 열심히 공부하지만 그중 최상위권층은 몇 명 안 되는 울타리 안에서 박터지게 싸울 정도로 압박이 심하다. 이를 경험하면서 한 가지 깨달은 점은 열심히 공부하는 것이 좋은 점수를 보장해주는 시기는 지났다는 것이다.

과거에는 남들보다 덜 놀고, 덜 자고, 더 오랫동안 앉아 있으면 높은 성적을 받을 수 있었지만, 현재부터 이 모든 것들은 기본 소양이 된다. 이제부터는 공부에도 전략이 필요한 시점이다. 무작정 열심히 하는 것이 아닌, 과목별로 가장 효과적이고 실용적인 공부 전략을 선택해야 남들보다 더 좋은 점수를 받을 수 있다.

공부 전략은 개인의 성향에 따라서 다르게 적용될 수 있고, 자신이 끊임없이 실험하면서 자신만의 노하우를 정립해나가는 것이 꼭 필요하다. 본 단락에서는 「의대생 TV」 멤버들의 과목별 공부 전략과 노하우를 집약하여 간단한 팁을 전해주고자 한다. 수험생들은 이를 활용하여 자신만의 공부 전략을 확립하고, 성적을 상승시킬 수 있는 공부의 기틀을 마련하기를 바란다.

수학 편

수학 공부의 3요소

수학 공부의 3요소는 '개념, 문제 풀이, 오답노트 작성'이다. 이는 어느 공부에서든 적용시킬 수 있는 방법이긴 하지만, 특히 수학에서 이 3요소만 잘 지켜 공부한다면 적어도 80점까지는 쉽게 점수를 올릴 수 있을 것이다. 그렇다면 이 수학 공부의 3요소를 언제, 어떻게 활용해야 하는지 알아보자.

수학 공부의 핵심 '개념'

학교, 학원, 과외를 포함한 모든 수학 강의는 개념 해설과 문제 풀이 그리고 복습 순으로 진행된다. 수학 개념을 익히는 것은 당연히 가장 선행되어야 할 과정이다. 그러다 보니 자연스럽게 학원가를 중심으로 선행 학습이라는 문화가 등장하였고, 대부분의 학생들은 선행 학습을 통해 미리 수학 개념 예습을 진행하게 된다. 선행 학습을 통해 수학 개념을 미리 공부하는 것이 과연 수학 실력 향상을 위한 효과적인 전략일까? 만약 그렇다면 학생들은 어느 수준까지 선행을 해야 하는 걸까? 개념 공부 방법을 이야기하기에 앞서 적절한 선행 학습의 의미에 대해 이야기해보자.

수학 개념 선행 학습은 필수일까?

많은 학생들이 수학은 학원이나 과외를 통해 1~2년 정도 앞서 선행 학습을 하곤 한다. 학부모들이 선행 학습을 시키는 데에는 정말 많은 이유가 있겠지만, 몇 가지만 나열해보면 아래와 같다.

- ✅ 학년을 앞질러 공부하면 사고력과 함께 수학 실력이 향상 될 것이다.
- ✅ 고학년 개념을 미리 이해하면, 현재 학년 수학 문제를 푸는 데 도움이 될 것이다.
- ✅ 고학년 개념을 미리 접하면 해당 학년이 되었을 때 훨씬 쉽 게 수학을 공부할 수 있을 것이다.

이 밖에도 제법 그럴듯한 이유들이 많이 존재한다. 하지만 아마 선행 학습을 한 번이라도 해본 학생들이라면 위의 이유들에 공감하지 못할 확률이 높다. 가령, 『고등 수학(상)』을 공부해야 하는 1학년 학생이 선행 학습을 통해 『고등 수학(하)』, 『수학 Ⅰ』 강의를 한 번씩 들었다고 가정해보

자. 선행 과정이 끝나면 학부모들은 자녀가 『고등 수학(하)』와 『수학 I』까지 개념 정리를 한 번 마무리했다고 생각한다.

하지만 해당 학생에게 "수학 진도가 어디까지 나갔니?"라고 물어보면 "음…….『수학 I』까지 배우긴 배웠는데, 잘 모르겠어요"라고 대답할 확률이 90% 이상일 것이다.

이처럼 선행 학습을 통해 개념을 여러 번 반복했다고 하더라도 학생들은 그 개념을 쉽게 이해하거나 적용하지 못한다. 물론, 머리가 똑똑한 상위 1%의 학생들은 선행 학습을 통해 체계적인 개념을 확립할 수 있는 능력을 갖추고 있고, 그들에게 적절한 수준의 선행 학습을 제공하면 수학 실력이 폭발적으로 향상될 가능성이 있다. 하지만 학생들의 수준을 고려하지 않은 무조건적인 선행 학습은 오히려 악영향을 끼칠 것이 분명하다.

이 글을 쓰는 나 또한 고등학생 시절 수학 모의고사에서 꾸준히 1~2등급을 받으며 좋은 성적을 유지했음에도 선행 학습에 있어서는 개념을 제대로 이해하지 못한 기억이 있다. 당시 수차례 개념 강의를 들은 후에도 "배웠는데, 안 배운 것 같아요"라는 말을 자주 하곤 했다.

결론을 말하면, 선행 학습이 무조건 불필요하다는 뜻은 아니다. 학생들에게 정말로 필요한 건 무작정 진도를 빼는 선행이 아니라, 적절한 시점에 제공되는 적절한 수준의 개념 강의다. 따라서 학생들은 현재 듣는 선행 강의가 자신의 실력에 비해 과하다고 생각되면 적절히 쳐낼 수 있는 자세를 갖춰야 한다.

선행 강의를 들으면서 개념을 이해하려고 최대한 노력했음에도 "내가 이걸 왜 듣고 있지?", "무슨 말인지 하나도 이해가 되지 않는다" 등의 생각이 든다면 학원 선생님이나 부모님과 반드시 상의해보기를 바란다. 우선 자신의 실력을 적절한 수준으로 올려놓고, 다음 단계에 선행을 진행해도 절대로 늦지 않는다.

수학 선행 학습의
장점과 단점

이 책의 저자 중 한 명이자 이 단락을 집필한 나 또한 선행 학습 경험이 정말 많다. 개념 진도를 가장 많이 뺐을 때는 두 학기에서 세 학기까지 미리 학습한 적도 있었고, 보통은 한 학기에서 두 학기 정도 선행 개념 강의를 들었다. 수년간 선행 학습을 해본 학생의 입장에서 느낀 선행 학습의 장점과 단점에 대해 표로 정리해보았다.

아래의 표대로 학생 수준에 맞는 적절한 선행 학습은 확실히 도움이 되는 부분이 있다. 그러나 반대로 무조건적인 진도 빼기 위주의 선행 학습

장점	단점
여러 번 반복되는 개념이나 용어를 미리 접할 수 있어 추후 학습시 거부감이 줄어든다.	선행 학습의 스트레스로 인해 수학이라는 과목 자체에 어려움을 느끼고 두려움을 갖게 된다.
개념에 대해 정확하게 이해는 못하더라도, 이전에 한 번 접해봤다는 사실로 인해 추후 학습시 자신감이 생긴다.	몇 차례 개념 선행을 하더라도 머릿속에 체계적으로 정리되지 않고 오히려 복잡해진다.
아주 가끔 선행을 통해 배운 개념들이 현재 수학 문제 풀이에 도움이 될 때가 있다.	몇 차례 선행 학습을 하더라도 "제대로 배웠다"고 말할 수 없어 자신감이 하락한다.

은 오히려 좋지 않은 영향을 미칠 수 있다. 학생들은 자신의 수학 실력을 잘 파악하여, 현재 학년의 개념들을 체계적으로 정리해 나감과 동시에 자신이 이해할 수 있는 수준만큼의 선행 학습을 진행하며 진도를 잘 조율해 나가는 과정이 필요하다.

수학 개념 공부법

수학능력시험에서 수학 문제는 학생들에게 '특정 문제'를 해결하기 위한 '논리적인 흐름을 제시'하고 '배경 지식개념'을 활용하여 실제로 문제를 해결하기를 요구한다.

즉, 우리가 흔히 말하는 '개념'이라는 것은 수학 문제를 논리적으로 풀어내기 위한 일종의 도구라고 할 수 있다. 보통 문제 풀이를 통해 논리적 흐름을 만들어내는 연습을 하게 되는데, 그 전에 배경지식개념이 없다면 논리적 흐름을 만드는 연습조차 시작하기가 어렵다. 설사 문제를 풀어내는 방법을 안다고 해도, 이를 실제로 해결할 수 있는 도구를 갖추지 못하

배경지식(개념)　　　　　　　특정 문제

개념은 특정 문제를
논리적 흐름으로 이끌어낼 수 있다.

면 아무 소용이 없기 때문에 모든 과정에 앞서 개념 공부가 선행되어야 하는 것이다.

개념 공부의 목표는 3가지다. 첫째 수학 개념을 이해하고, 둘째 이해를 바탕으로 암기하고, 셋째 주어진 문제들에 개념을 적용할 수 있어야 한다. 그럼 이에 대해 하나하나씩 알아보자.

수학의 모든 공식은 증명할 수 있어야 한다(수학 개념 이해)

수학 교과서는 각종 공식들의 향연이다. 수학 개념 공부 또한 결국 공식이 나온 원리를 이해하는 과정이다. 개념 공부의 첫 번째 목표는 각 공식들이 탄생하게 된 이론적 배경을 이해하고, 이를 식으로 증명해낼 줄 아는 것이다. 모든 공식을 일일이 논술할 필요는 없지만 적어도 각 단원의 핵심 개념과 공식들은 이해하고 증명할 줄 알아야 한다.

공식을 단순히 머릿속으로 이해하는 것과 스스로 식을 작성하여 증명해낼 수 있는 것에는 정말 큰 차이가 존재한다. 하나의 수학 개념 속에서 공식이 도출되는 각 단계를 직접 수행함으로써 수학적 논리력과 문제 적용 능력을 키울 수 있다. 만약 수학 공식을 영어 단어 암기하듯 외우기만 하면 자신이 그 공식을 왜 외워야 하는지, 언제 어디서 활용해야 하는지도 모른 채 공부가 끝나게 되고, 그 순간부터 수학이 어려워지고 관심도도 떨어지게 된다.

수학의 모든 공식은 증명해낼 수 있어야 한다.

완벽한 이해를 전제로 암기해야 한다(이해를 바탕으로 암기)

수학 문제를 더 빠르고 효율적으로 풀기 위해서 공식 암기가 필요한 것은 맞지만, 앞서 말했듯 단순 암기는 지양해야 한다. 수학은 누가 공식을 더 많이 아는지가 중요한 것이 아니라, 문제에 공식을 적절하고 빠르게 적용하여 문제를 풀 수 있는지가 더 중요한 과목이다. 적어도 여러분이 현재 개념을 공부하는 단계에 있다면 반드시 스스로 한 번씩이라도 주요 공식들의 결론을 도출해보고, 그 후에 완벽하게 암기를 하는 자세가 필요하다.

개념 유형별 문제를 파악한다(문제에 개념 적용)

문제집을 풀거나 수업을 들을 때 특정 개념을 배운 뒤 그와 관련된 문제들을 풀 것이다. 그 문제들은 해당 개념을 배우고 나서 반드시 풀 수 있어야 하는 가장 기초적인 문제들이며, 해당 단원에서 학습한 개념들이 문제에 어떻게 적용될 수 있는지 가르쳐주는 이정표 같은 존재다. 개념을 제대로 학습했다면 대부분 학생들은 이 문제들을 쉽게 풀 수 있을 것이다.

하지만 필수 유형 문제를 푸는 과정에서부터 어려움이 있다면, 다음 단계인 문제 풀이 단계로 넘어가면 안 된다는 신호다. 그럴 때는 다시 한 번 개념과 필수 유형 문제들을 곱씹어보면서 차근차근 이해하는 과정을 밟아보자. 이 문제들을 풀면서 개념이 어떤 방식으로 적용되는지 깨닫게 된다면, 추후 심화 문제들을 풀 때 큰 도움이 될 것이다.

수학 문제 풀이 공부법

만약 어떤 학생이 "현재 50점인 수학 성적을 80점 이상으로 올릴 수 있는 가장 빠른 방법이 무엇인가요?"라고 물어본다면 결론은 지체 없이 최대한 많은 문제를 푸는 것뿐이다. 문제를 많이 푸는 것만큼 수학 성적을 단기간에 끌어올릴 수 있는 방법은 없다. 물론 해당 예시는 문제 풀이의 중요성을 강조하기 위한 극단적인 경우이긴 하지만, 그만큼 많은 문제들을 통해 경험을 쌓는 것이 중요한 역할을 한다는 것을 강조하고 싶다.

수학 시험에서 좋은 점수를 얻기 위해 가장 필수적인 것은 개념을 문제에 적용하는 법을 아는 것, 즉 문제를 잘 풀어내는 능력이다. 그래서 필연적으로 개념 공부는 문제 풀이 공부와 연결될 수밖에 없다. 앞서 수학 공부의 과정을 단계적으로 설명하기 위해 개념과 문제 풀이 공부의 단계를 분리했지만, 사실 개념을 공부한 이후 문제를 푸는 과정에서 다시 한번 원리를 탄탄히 다질 수 있고, 문제에 적용하는 법까지 확실히 배울 수 있다.

문제 풀이 단계의 목표는 2가지다. 첫 번째는 문제를 풀면서 개념을 복습하는 것이고, 두 번째는 문제의 유형을 암기하고 체계화시키는 것이다.

예를 들어, 미적분학에서 배우는 '함수 접선의 기울기 구하기' 단원을 공부한다고 가정해보자. 가장 먼저 '접선의 기울기'를 구하는 법을 이해하고, 공식을 암기하게 될 것이다. 다음 단계는 '접선의 기울기 구하기'라는 개념에서 파생되는 여러 유형의 문제들을 답습하며 개념을 체계화시키는 과정이다. '함수 접선의 기울기 구하기' 개념에서 파생될 수 있는 문제 유형은 ① 그래프 위의 한 점이 주어진 경우 ② 접선 위의 한 점이 주어진 경우 등이 있고, 학생들은 이런 유형들에 대해 체계적으로 분류할 수 있어야 한다. 이렇게 문제 풀이를 반복하다 보면, 특정 문제를 보았을 때 어떤 개념과 유형을 묻는 문제인지 단숨에 파악할 수 있는 능력이 길러진다.

문제 풀이로 고득점을 노릴 수 있다

수학은 유형별로 정리된 문제를 여러 번 푸는 것이 가장 효과적이다. 유형별로 정리된 문제집의 장점은 문제를 풀어 나가면서 개념의 체계를 잡는 데 도움이 된다는 것이다. 즉, 여러 문제들을 풀면서 '이 문제는 A단원의 유형 1번이구나! 저 문제는 B단원의 유형 2번이구나!'라고 깨달으며 문제들이 체계화되기 시작한다.

예를 들어 나중에 특정 문제를 봤을 때 '이 문제는 3차 함수의 기울기 구하기 단원에서 그래프 위의 한 점에서 접선의 기울기를 구하라는 문제구나'라고 단번에 알아채는 능력이 생긴다. 물론 아무 생각 없이 문제만 푼다고 체계가 잡히는 것은 아니며, 학생들은 개념과 문제 유형의 체계가 잡히는 것을 목표로 하여, 문제를 풀 때마다 이를 인식하면서 공부해야 한다.

수능 수학에 출제되는 문제들의 90%는 개념 체계와 문제 유형 안에 포함되어 있으며, 이 90%를 실수하지 않고 차분하게 풀어내는 것이 고득점을 위한 필수 전략이다. 문제를 봤을 때 어느 단원의 어떤 유형의 문제인지 파악할 수 있는 능력만 완벽히 갖춘다면 수능 성적을 2~3등급까지 올릴 수 있다. 물론 이런 체계화는 꼭 머리가 좋아야만 할 수 있는 것이 아니며, 반복되는 학습과 노력에 의해서도 충분히 가능한 부분이다.

오답노트 작성법

수학 문제를 많이 푸는 것만큼 중요한 것은 틀린 문제를 완전히 알 때까지 정복하는 것이다. 오답노트의 중요성에 대해서는 아무리 강조해도 지나치지 않으며 결국 어떤 공부가 되었든 학생들의 실력은 오답노트를 얼마나 잘 활용하느냐에 따라 달라질 수 있다. 많은 학생들이 오답노트의 중요성을 알고 있지만, 실제로 체계적이고 규칙적으로 이를 실천하는 학생들은 많이 없다. 틀렸던 문제를 다시 보는 행위, 즉 이미 한 번 봤던 문제들을 다시 한 번 찬찬히 뜯어보는 일은 정말 지루하기 때문이다. 사람들이 무언가를 달성할 때 항상 새로운 것을 원하고 달성 성과를 양으로 측정하는 경향이 있는 것처럼, 공부를 하는 학생들도 새로운 문제들을 원하고 단순히 많은 양을 공부하고 많은 글을 읽고 많은 문제를 푸는 것을 선호하는 경향이 있다.

하지만 귀찮고 지루한 게 싫어서 틀렸던 문제들을 다시 보지 않는 것은 잘못된 공부 방식이다. 그 지루함을 이겨내고 자신이 몰라서 틀렸던 문제를 다시 한 번 분석하고 완벽하게 이해하는 과정을 거친 학생들만이 고득점을 향해 조금씩 나아갈 수 있다. 다른 유혹을 뿌리치고 틀린 문제를 다시 뜯어보고 반복하는 게 쉽지 않은 일이기 때문에 결국 이를 해내는 학생들이 상위권으로 올라갈 수 있는 것이다.

오답노트는 어떻게 작성해야 할까?

오답노트를 작성하는 방법은 정말 다양하다. 그중 가장 대표적인 활용법만 알아보자.

- ✓ 문제집에 틀린 문제를 표시하고, 나중에 다시 책을 펼쳐보기
- ✓ 노트에 틀린 문제들을 오려 붙이기
- ✓ 틀린 문제들의 사진을 찍어서 특정 앨범에 보관하기
- ✓ 태블릿 PC 등을 활용하여 PDF에 북마크하기

오답노트를 작성하는 법은 개인이 선택하기 나름이지만, 한 가지 중요한 것은 오답노트를 만드는 데에 너무 많은 시간을 쏟지 않아야 한다는 점

이다. 오답노트는 문제를 모아놓고 예쁘게 정리하는 것이 목표가 아니라 나중에 몇 차례 다시 보기 위해 만드는 것이기 때문에 너무 많은 시간을 쏟으면 시간을 활용하는 측면에서 그다지 효율적이지 않다. 자신이 제일 빠른 방법으로 문제를 모아놓고 다시 볼 수 있는 수단만 만들어놓을 수 있으면 충분하다(문제집을 오려 붙일 때 풀을 써서 붙이는 게 너무 오래 걸린다면 화이트 형식의 양면 테이프를 활용하는 것도 한 방법이다).

오답노트에는 어떤 문제들이 들어가야 할까?

오답노트의 중요성을 이해했다면 이제 실제로 문제를 선별하는 작업이 필요하다.

그렇다면 어떤 문제들을 모아놓는 것이 가장 효과적일까? 이 또한 개인이 선택하기 나름이지만, 처음 오답노트 작성을 하는 학생들을 위해 작성 원칙 2가지를 소개하고자 한다.

첫째, 틀린 문제들을 전부 다 오답노트에 모을 필요는 없다.

문제를 틀리는 이유는 정말 많다. 온갖 이유로 틀리는 수많은 문제들을 전부 다 오답노트에 모은다면 오답노트를 활용하기도 전에 기가 꺾여서 다시 볼 엄두를 내지 못할 확률이 높다. 따라서 자신만의 우선순위를 정하고 가장 중요한 문제들을 위주로 오답노트를 작성하는 것이 좋다. 단순 계산 실수나 문제를 잘못 읽어서 틀렸거나, 문제의 풀이 과정은 모두 이해했으나 중간에 실수로 식을 빼먹어 틀린 경우는 굳이 오답노트에 넣지 않아도 된다.

둘째, 정답을 맞힌 문제들도 오답이 필요할 수 있다.

당연하겠지만 많은 학생들이 자신이 문제를 맞혔는지 틀렸는지에 대해 정말 많이 집착한다. 정작 중요한 것은 '문제를 정확히 이해하고 논리적으로 풀었는지'다. 문제를 정확히 이해하지 못한 채로 답을 맞힌 것은 아무 의미가 없다. 반대로 문제를 정확히 이해하고 논리적으로 풀었지만 계산 실수를 해서 틀렸다면, 이는 오히려 괜찮다. 실전에서 실수를 줄이면 된다. 따라서 정답을 맞혔지만 자신이 잘 모른 채로 풀었거나 중간에 헷갈리는 과정이 있었다면, 이런 문제들은 오답노트에 꼭 포함되어야 한다.

처음부터 틀린 문제를 다 체크하려고 하지 않아도 된다. 이렇게 선별하는 과정에서 빼먹는 문제들이 있을 수도 있다. 수험 생활 동안 앞으로도 정말 많은 문제들을 풀게 될 것이고, 앞서 말한 2가지 원칙만 잘 지키려고 노력한다면 수학 실력을 늘리는 데에는 큰 무리가 없을 것이다. 또한, 모든 문제를 완벽하게 할 수 있는 여건이 안 된다면, 처음 시작은 정말 중요한 몇 문제만이라도 모아놓는 습관을 기르는 것을 목표로 해도 좋다.

- **오답노트 작성 원칙**

  ☑ 틀린 문제들 중 선별하여 모아놓는다.

  ☑ 맞은 문제라도 오답이 필요한 경우 모아놓는다.

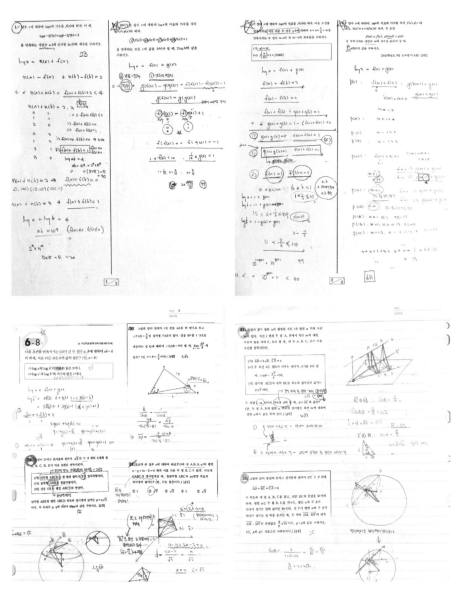

필자는 주로 문제를 오려 노트에 붙여 오답노트를 만들었다.
깔끔하게 정리된 것은 아니지만, 자신만이 알아볼 수 있도록 색색의 펜으로
중요한 개념들을 표시하면서 복습했다.

오답 문제 다시 풀기

오답노트의 마지막 단계는 오답 문제 다시 풀기다. 학생들은 최소 2번 이상 오답 문제들을 곱씹어보며 다시 풀어봐야 한다. 2번 이상 문제를 다시 풀어서 80% 이상 이해가 됐다면, 그 문제는 버려도 좋다. 앞으로 풀게 될 문제는 계속 생길 것이고, 오답노트에 쌓이는 문제들도 많아질 텐데, 지난 문제들을 끝까지 갖고 있을 필요는 없다.

  중요한 것은 틀린 문제들을 '어떻게 다시 풀어야 할까'에 대한 내용이다. 이 부분은 개인에 따라 천차만별일 것이다. 그래도 수학 문제를 푸는 과정에서 꼭 들어가야 할 몇 가지 사항들을 정리해보면 다음과 같다.

• 오답 문제 다시 푸는 방법

☑ 어느 단원, 어떤 유형에 해당되는 문제인지 적어보기(혹은 생각해보기)

☑ 자신이 문제를 틀린 이유를 적어보기(혹은 생각해보기)

☑ 문제를 풀면서 필요한 개념과 공식, 논리의 흐름을 차근차근 정리해보기

☑ 문제를 풀면서 주의해야 할 사항들을 적어보기

  모든 과정을 지켜야 하는 것은 아니지만, 적어도 아무 생각 없이 문제를 다시 푸는 것은 지양해야 한다. 오답 문제를 다시 풀면서 최소 1가지 정도는 얻어갈 수 있도록 차근차근 문제를 다시 분석해보는 것을 추천한다.

  솔직히 오답노트 습관은 유지하기가 매우 어렵다. 책에 틀린 문제를 표

시하고, 별표를 치고, 책을 잘라서 모아놓는 것도 쉽지 않지만, 이를 다시 꺼내 문제를 풀어보는 것도 만만치 않다. 하지만 오답노트를 만들어놓고 다시 보지 않으면 아무런 의미가 없다. 새로운 문제를 풀고 새로운 진도를 나가고 싶은 욕구를 꾹 누르고, 책상 앞에 오답노트를 펼치는 모습을 보이길 간절히 바란다.

지금까지 수학 공부의 3요소를 순서대로 정리해보았다. 개념을 익히고 문제 풀이를 통해 개념과 유형을 체계화시킨 후, 오답노트까지 작성하는 습관을 들인다면 수학 실력이 급등할 것이라고 확신한다. 최상위권에 진입하는 것은 그 다음 단계다. 이런 기초 작업이 완성된 이후에 심화 문제에 도전하는 것이 좋다.

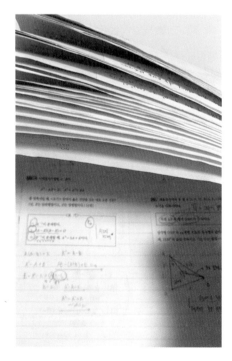

수능 3개월 전부터
오답노트를 들고 다니며
중요한 문제들만 취사 선택하여
복습했다.

국어 공부가 어려운 이유

국어는 단기간에 고효율을 내기 어려운 과목이다. 물론 수능에 출제되는 국어 지문 중 일부가 EBS 연계 교재에서 출제되기 때문에 학교나 학원 수업을 통해 꼼꼼하고 성실하게 공부한다면 안정적인 점수는 나올 수 있다. 하지만 그 이상의 점수를 받기 위해서는 생각보다 많은 노력이 필요하다. 국어 고득점을 위해서는 어떤 마음가짐과 어떤 전략을 갖고 공부해야 할지 알아보자.

국어를 어려워하는 학생들의 이야기를 들어보면 신기하게도 이유들이 모두 다르다. 학생들이 국어를 어려워하는 이유가 뭘까? 학생들의 의견을 빌려 몇 가지 예시를 들어보면 다음과 같다.

"독해력은 좋은데, 글을 읽는 데 시간이 너무 오래 걸려서 어려워요."
"비문학과 문학은 감이 잡히는데, 문법 개념을 아예 모르겠어요."
"글도 잘 읽히고, 시험 시간도 남는데 채점해보면 너무 많이 틀리는 것 같아요."
"어려운 지문들은 아무리 읽어도 이해가 안 돼요. 독해력이 아쉬운 것 같아요."

이처럼 국어 공부가 어려운 이유는 너무나 다양하지만 가장 대표적인 원인은 독해력이라고 할 수 있다. 독해력은 글을 읽는 습관, 개개인의 언어 수준과 이해력이 바탕이 되어야 하기 때문에 단기간 훈련으로 형성되는 게 아니다. 어렸을 때부터 차곡차곡 쌓인 경험들과 직관들에 의해 축적되어야 한다.

그렇기 때문에 어렸을 때부터 책을 많이 읽고 언어 자극을 많이 받은 학생들은 확실히 수능 국어를 공부할 때 유리한 면이 있다. 실제로 수능 공부를 단 한 번도 해본 적이 없는 고등학교 1학년 학생들에게 수능 지문을 던져주고 문제를 풀게 하면, 학생들마다 글을 읽는 속도와 글을 해석하는 능력 그리고 문제를 푸는 감이 꽤 많이 차이가 난다는 것을 쉽게 알 수 있다.

결국 국어 실력은 어렸을 때부터 꾸준히 쌓아 나가는 것이 유리하나는 뜻인데, 아직 국어 실력이 부족한 학생들이 여기까지만 읽고 좌절하지 않았으면 한다. 지금 당장 다른 친구들에 비해 국어 실력이 부족하다고 해서 수능을 잘 보기 어렵다는 뜻은 절대 아니기 때문이다. 학생들마다 수능 국어를 시작하는 출발점이 다를 뿐, 결국에는 고득점과 상위권에 도달하는 것이 모두의 공동 목표이고, 이는 충분히 달성할 수 있는 지점에 위치해 있다.

국어 성적을 올리는 유일한 방법, 언어 실력 늘리기

다소 허무하겠지만, 국어 성적을 올리기 위한 혹은 최상위권으로 올라가기 위한 근본적인 해결책은 국어 실력언어 실력을 향상시키는 것밖에 없다. 물론 문제를 더 많이 맞히기 위한 부수적인 방법들은 정말 많다.

예를 들어, 지문을 쪼개서 분석하는 방법론을 배우거나 기출문제들을 분석하고 문제의 요지를 파악하는 법을 배우거나 문제 풀이 방식을 배워 정답률을 높일 수 있는 방법 등이 있다. 최상위권 학생들도 다양한 방법들을 시도해보면서 자신만의 전략을 하나둘씩 채택한다.

하지만 이 방법들은 국어 성적을 올리는 근본적인 해결책이 절대 아니다. 왜냐하면 이런 문제 풀이 전략들은 너무나도 당연하고 기본적이며 모든 학생들이 사용하는 방법이기 때문이다. 학원이나 학교에서 쉽게 배울 수 있고, 심지어는 인터넷 강의나 주변의 공부 잘하는 친구들을 통해 배울 수 있는 내용들이다. 국어 최상위권을 위해서는 이 방법들뿐만 아니라 실제로 자신의 국어 실력을 향상시키기 위해 피땀 흘리는 노력을 해야 한다.

안타깝지만 국어 실력을 늘리기 위한 지름길은 없으며 결국 어려운 지문들을 읽고 또 읽는 수밖에 없다. 어려운 지문이란, 한 번 읽었을 때 단번에 독해가 되지 않는 것을 뜻한다. 지문 자체에 논리적 결함이 있어 누가 읽든 이상한 지문이 아니라, 자신의 현재 언어 수준으로 이해하기 어려운 지문들을 읽어야 한다는 뜻이다. 내 수준보다 높은 지문을 읽으면 당연히 한 번 읽는 것만으로는 이해가 되지 않는 것이 당연하다.

많은 학생들이 평상시 공부할 때 이해하기 어려운 지문들에는 도전하지 않는 경향이 있다. 자신의 독해력으로 충분히 읽어낼 수 있는 지문들을 읽고, 이에 해당하는 문제를 풀고, 정답을 맞히면서 거기에 만족하곤 한다. 안타깝지만 이는 자신의 현재 국어 실력에 안주하는 행위밖에 되지 않는다.

이런 경우 수능에서 자기 실력에 비해 어려운 지문과 문제들이 나오면 당황하여 오히려 자신의 기본 실력조차 발휘하지 못할 수 있다. 그런 불상사를 방지하기 위해서 우리는 앞으로 한 발짝 더 나아갈 수 있어야 하고, 이를 위해서는 어려운 지문들을 반복해서 읽고 분석하고, 의미를 파악해보는 연습이 필요하다. 물론 처음에는 단 한 개의 지문을 분석하는 것도 벅찰 수 있다. 하지만 하루에 한 개씩이라도 많은 고민과 생각이 필요한 문장들을 읽다 보면 어느새 자신도 모르게 독해력이 폭발적으로 상승되어 있을 것이다.

이 책에선 비문학 접근법, 문학 접근법 등 국어 공부의 방법론적인 내용을 다루지 않을 것이다. 그런 방법론들은 아마 학교나 학원에서 더 전문적으로 배울 수 있을 것이고, 결국 수능 시험을 볼 때쯤에는 모든 학생들이 기본적으로 갖추게 될 능력이라고 생각한다. 학생들이 국어 최상위권을 위해 채택해야 할 자신만의 전략은 '어려운 지문들을 통해 언어 실력 늘리기'다. 이는 아무나 해낼 수 있는 과정이 아니다. 이해하기 쉽고 명쾌한 지문이나 문제들만 공부하지 말고, 머리가 아프고 힘들더라도 조금 더 어려운 지문에 도전하는 습관을 길러보자. 이렇게 언어 실력을 향상시키는 과정이 지나면, 실제 수능 시험장에서도 당황하지 않고, 쉽고 차분하게 1교시를 마무리할 수 있을 것이다.

국어 문법을 모른다면
당장 공부하라

수능 국어의 화법, 작문, 문법 파트 중 하나인 문법에서 발목을 잡히는 학생들이 생각보다 많다. 문법에서 발목을 잡힌다는 뜻은 2가지로 해석될 수 있다.

첫 번째는 문법에 대한 개념이 없어서 수능 국어에서 문법 문제를 틀리는 경우, 두 번째는 수험생이 될 때까지 문법 체계가 잡히지 않아 막바지에 문법을 공부하느라 다른 공부를 소홀히 하게 되는 경우다.

2가지 모두 절대로 있어서는 안 될 일이다. 수능 국어에서 문법 문항이 단 5문제밖에 출제되지 않아 학생들이 가볍게 여기는 경향이 있지만, 많은 학교나 학원들에서 '문법 강의' 혹은 '문법 특강'이라는 이름으로 수업을 따로 개설할 정도로 생각보다 많은 시간을 쏟아야 하는 파트 중 하나다.

또한, 수능 시험에 출제되는 국어 문법 문제들은 모두 각각의 유형들이 존재하고, 체계적으로 공부하면 절대 틀릴 수 없는 문제들이다. 그럼에도 불구하고 한 번도 문법을 체계적으로 공부하지 않은 학생들은 꼭 문법에서 한두 문제씩 틀리게 되고, 여기서 등급이 갈리게 된다.

문법 공부는 학원이든, 인강이든, 문제집이든 한 번은 체계적으로 틀을 잡아놓는 것을 추천한다. 그리고 그 시기는 빠르면 빠를수록 좋다. 고등학교 3년 동안 문법을 접할 기회는 정말 많겠지만, 아무런 기본 틀이 없는 상태에서 반복하는 것과 한 번 체계가 잡힌 상태에서 새로운 지식을 쌓아가는 것은 그 효과의 차이가 엄청나게 크다. 현재 고등학생인데 아직 국어 문법 체계를 공부한 적이 없다면, 시간을 내서 꼭 문법 공부를 해놓기를 추천한다.

영어 편

영어의 첫 출발, 단어 암기

우리나라 수능 입시제도가 요구하는 학생들의 영어 실력은 점점 그 기준이 내려가고 있다. 과거 'EBS 연계 지문'이라는 제도가 등장하기 이전의 난이도와 'EBS 연계 및 절대평가'로 바뀐 현재의 난이도는 비교할 수 없을만큼 차이가 크다. 어렸을 때부터 꾸준히 영어를 공부해온 학생이라면 현재 수능 영어는 수능 연계 교재를 활용하는 학교 내신을 대비하면서 쌓는 실력만으로도 충분히 높은 점수를 얻을 수 있다.

영어도 국어와 마찬가지로 학생들이 이전에 얼마나 많은 영어를 접했는지에 따라 실력이 모두 다를 수 있다. 어렸을 때부터 영어 공부를 많이 해서 이미 수준급 영어 실력을 갖춘 학생들도 있을 것이고, 영어 공부를 늦게 시작하여 다른 학생들에 비해 조금 뒤처진 학생들도 있을 것이다. 그럼에도 모든 학생들이 수능을 대비하기 위해 필수적으로 해야 하는 공부가 바로 '단어 암기'다. 영어 지문을 이해하기 위해서는 기본적인 영어 단어를 외우는 것이 중요하기 때문에 수능 영어에 자주 등장하는 영단어들은 필수적으로 암기해야 한다.

특히, 수능에서 EBS 연계 교재를 활용하여 문제 출제가 되기 때문에 문제집에 나오는 단어들은 빠짐없이 외우는 게 좋다. 문제집 말미에 나오는 단어 모음집을 활용하여 꾸준히 복습한 후 시험장에 들어가면 헷갈려서 문제를 틀리는 불상사를 줄일 수 있다.

반복이 암기의 핵심이라는 것은 누구나 잘 아는 사실이다. 이 또한 역시 실천하는 게 가장 어렵기 때문에 영어 단어장을 준비하여 틈이 날 때마다 단어장을 펼쳐보는 습관을 만드는 자세가 중요하다.

영어 성적은 지문 독해력에 달렸다

시험의 대부분이 지문을 읽고 문제를 푸는 형식으로 이루어져 있다. 따라서 영어는 철저하게 지문 독해 위주의 공부를 해야 한다. 만약 지문 독해가 부족하다면 문제 풀이는 과감하게 뒤로 미뤄도 된다. 먼저 차근차근 지문들을 해석하고 확실하게 이해하는 것부터 시작하는 것이 좋다. 어느 정도 지문 독해 실력을 쌓은 후에 문제 풀이로 넘어가도 늦지 않기 때문에 조급해하지 말자.

지문을 공부할 때는 문장 하나하나를 꼼꼼하게 해석하는 것도 중요하지만, 그것보다 중요한 것은 해당 지문의 전반적인 주제와 흐름을 파악하는 것이다. 따라서 지문 위주의 공부를 할 때에는 지문을 한 번 훑고 나서 주제와 요지들을 요약해보고 자신만의 문장으로 표현하는 연습이 필요하다. 이후에 해설 등을 보며 놓친 게 있는 지 확인해보고, 기존에 해석하지 못했던 문장들을 꼼꼼하게 살펴보는 시간을 가지면 좋다.

EBS 연계 교재 활용하기

수능 영어는 EBS 연계 교재의 힘이 정말로 크다. 그렇기 때문에 대부분의 학교에서 EBS 연계 교재를 강의 자료와 매체로 활용한다. 만약 학교에서 수능 대비로 EBS 연계 교재를 활용하지 않는다면 개인적으로 시간을 내서라도 반드시 공부해야 한다.

　실제 시험장에서 아는 지문이 나오는 것만큼 심리적 안정감을 주는 것은 없다. 또한 아는 지문이 나왔을 때 시간을 절약할 수 있는 기회로도 활용되기 때문에 시험 직전까지 EBS 연계 교재 속 지문을 계속 복습할 수 있도록 하자.

과학탐구 편

킬러문제로 내신등급이 달라진다

과학탐구 영역은 정말 가혹한 과목이다. 어떻게든 틀리게 하려는 의도가 충분한 최고난도 문제, 소위 말하는 킬러문제들을 맞히느냐 틀리느냐에 따라서 등급이 달라지기 때문이다. 심지어 몇몇 어려운 문제들은 IQ 테스트라고 느껴지며, 성실함과 노력만으로는 정답을 보장하기 어려운 경우도 많다. 쉬운 문제들을 모두 잘 맞히고 킬러문제까지 맞힌다면 1등급, 킬러문제 한두 문제를 틀린다면 2~3등급, 여기에 실수가 더해져 쉬운 문제들까지 틀리면 3~4등급으로 떨어지는 것은 한순간이다.

이를 대비해 학교나 학원에선 인강과 문제집 등을 통해 어려운 문제들을 반복적으로 풀 것이고, 고등학교 3학년 때는 아마 개념 복습과 더불어 킬러문제들을 푸는 연습을 하게 될 것이다.

절대 실수하면 안 되는 영역, 개념을 완벽히 외워라

아무리 열심히 공부해도 1등급을 쉽게 보장하지 않는 과목은 도대체 어떻게 공부해야 할까? 수능이 다가올수록 수험생들은 과학탐구 영역의 킬러문제들 위주로 공부하게 된다. 학원이나 학교에서도 최신 기출 경향을 파악하여 어려운 문제들을 위주로 대비해주는 강의들이 열리곤 한다.

물론 이러한 강의들은 꼭 필요하다. 하지만 여기서 학생들이 간과하는 부분이 있다. 바로 어려운 문제들을 풀기 이전에 기본 개념은 확실하게 이해하고 암기해야 한다는 사실이다. 개념이 제대로 잡혀 있지 않거나 암기가 부족한 학생들은 아무리 어려운 문제들을 많이 풀어도 중급 난이도의 문제들을 지속적으로 틀리는 경향이 있다.

예를 들어 과학탐구에서 어렵다는 18, 19, 20번 문항 위주로 공부를 해도 결국 수능에서 15번이나 16번 문항 등에서 틀려버리면 2~3등급이 떨어지는 것은 순식간이다. 따라서 킬러문제를 본격적으로 접하기 전에 개념을 완전히 이해하고 암기해야 한다.

사실 과학 개념들을 이해하는 과정이 쉽지만은 않다. 하지만 고득점을 위해서는 이 개념들을 완벽하게 암기하고 있어야 한다. 헷갈리는 개념들은 확실하게 정의할 수 있어야 하고, 어려운 문제를 풀기 위해 필요한 기초 지식들은 자동반사적으로 말할 수 있을 정도로 암기해야 한다. 그래야 주어진 시간 안에 모든 문제들을 풀어낼 수 있다.

나의 경우 『화학 I』과 『생물 II』를 선택했는데 교과서와 문제집에 나오는 개념들을 전부 암기했다. 그렇게 하니 과학탐구 모의고사에서 1번부터 15번까지의 중상급 문제들은 거의 틀린 적이 없게 되었고, 가끔 16번부터 20번 문항 중 어려운 것들을 한두 개씩 틀리는 수준까지 도달했다. 앞부분의 문제들이 안정적으로 풀리기 시작하니 마음 편히 어려운 문제들에 몰입할 수 있는 여유까지 생겼다. 이후로 킬러문제들을 맞히기 위해 정말 많은 문제들을 분석하고 공부했으며, 그 결과 탐구영역 두 과목 모두 만점을 받을 수 있었다. 지금 이 책을 읽는 고등학생들도 할 수 있다.

다양한 어려운 문제를 풀고 분석하는 과정이 필요

고등학교 3학년이 되고 수능이 다가오면 학생들은 과학탐구 영역에서의 킬러문제 풀이 연습을 시작한다. 고등학교 3학년 과학탐구 영역 공부의 목표는 크게 2가지다. 하나는 개념 복습이고, 다른 하나는 다양한 어려운 문제에 익숙해지는 것이다.

이때부터는 단순히 공부 시간을 늘려 성실하게 임하는 것이 능사가 아니다. 얼마나 다양한 심화 문제들을 풀었는지, 문제를 풀기 위한 효과적인 방법을 체득했는지, 자신이 공부한 문제들이 시험에 실제로 출제되었는지가 수능 점수에 영향을 미친다. 따라서 이때는 최대한 다양한 문제들을 풀고 분석하는 과정이 필요하다.

그러나 이론에 대한 개념이 잡혀 있지 않다면, 아무리 많은 문제를 풀어도 밑 빠진 독에 물 붓는 행위가 될 것이다. 다시 한 번 강조하자면, 과학탐구는 개념과 문제 풀이가 동등하게 매우 중요한 과목이고, 어느 하나라도 소홀히 하면 안 된다. 이를 위해서는 지속적으로 개념을 다지는 과정이 꼭 필요하다. 개념은 단순히 감을 잡고 넘어가는 수준이 아니라 헷갈리는 부분이 없을 때까지 반복하고 암기할 수 있도록 해야 한다.

슬럼프를 극복하는 멘탈 관리법

누구나 겪는 공부 슬럼프

10대 시절은 공부하는 기계라고 해도 과언이 아니다. 특히 의대를 목표로 두고 있는 학생이라면 더욱 그럴 것이다. 하지만 기계도 계속 돌리면 탈이 나는 법이다. 그런데 사람은 오죽할까?

누구나 한번쯤은 공부 슬럼프에 빠질 때가 있을 것이다. 과연 좋은 대학에 갈 수 있을까? 수능 성적이 좋지 않으면 대학에 들어가지 못하는 걸까? 별별 생각이 다 떠오르면서 무기력증에 빠질 때가 있다. 단 한 번의 시험으로 인생의 큰 부분이 달라질 수 있다는 생각을 하게 되는 순간, 끝없는 고민의 숲으로 빠져든다. 이때 잠시 일탈하게 되면 다시 되돌아오는 데 시간이 많이 걸릴 수 있다. 그래서 고등학교 때는 멘탈 관리가 굉장히 중요하다.

그중 가장 중요한 것은 동기부여다. 동기부여는 어떤 목표를 지향하여 생각하고 행동하도록 하는 것이다. 만약 여러분이 어떤 대학을 희망한다면 그 대학에 왜 들어가고 싶은지, 그것을 통해 무엇을 이룰 수 있는지를 정확하게 인지하고, 그것을 통해 자신의 미래상을 그려야 한다.

예를 들어, 국제기구에서 일하기 위해선 어떤 과를 지원해야 하는지, 어떤 대학에서 그 과의 특수성을 잘 활용할 수 있는지를 파악한 후 자신의 목표를 세우고 그것을 향해 꾸준하게 노력해야 한다.

만약 여러분이 의사가 되는 것이 꿈이라면 의과대학에 진학하는 것이 정답이 될 것이다. 다만 여러분의 성적에 따라 지원하는 대학이 달라질 뿐 꿈은 달라지지 않는다. 물론 좀더 좋은 대학을 들어가기 위해 더 열심히 노력하는 것 외에는 해결방법이 없다는 것도 동기부여의 효과라고 할 수 있을 것이다. 목표만 있다면 약간의 흔들림은 동기부여를 더욱 공고하게 만드는 매개체가 될 수 있다.

동기부여 명언을
수시로 되뇌어라

인터넷에서 동기부여를 치면 명언이 수두룩하게 돌아다닌다. 너무 흔해서 누구나 한두 번은 들어봤을 문장이다. 이 흔한 명언이 우리가 갈 길을 잃고 헤맸을 때 많은 도움이 된다. 인터넷에서 많이 돌아다니는 동기부여 명언을 살펴보자. 윌리엄 보엣커는 이렇게 말했다.

다른 사람이 무엇을 하는지 신경쓰지 말라.
더 나은 당신이 되기 위해 노력하고 매일 당신의 기록을 깨트려라.

또 공자는 이런 말을 했다고 한다.

가장 큰 영광은 한 번도 실패하지 않음이 아니라 실패할 때마다 다시 일어서는 데에 있다.

살았을 때 불행을 맛보다가 사후 최고의 명성을 얻는 고흐는 이렇게 말하기도 했다.

꾸준함이 행복보다 낫다.

성공한 사람들이 하나같이 공통적으로 외치는 것이 있다. 바로 '포기하지 않는 것'과 '꾸준함'이다. 오랫동안 공부를 해야 하는 10대에겐 포기하지 않는 것과 꾸준함이 성공으로 가는 지름길일 수 있다.

물론 이것은 20대도 마찬가지다. 30대, 40대, 50대, 60대, 하물며 70대도 마찬가지일 것이다. 사는 것은 끝없는 전쟁을 치르는 것과 같다. 한 산을 넘어 한숨을 돌리게 되면 저 멀리 더 큰 산이 기다리고 있는 것, 아직 어리다면 어리지만 그것을 느끼게 해주는 것이 의대생의 삶인 것 같다. 물론 인턴과 레지던트를 거치면 끝이 날 수도 있겠지만 과연 그럴까? 그때는 그 상황에 맞는 슬럼프가 찾아올 것이다.

슬럼프 없는 인생이 있을까? 그렇기 때문에 우리는 슬럼프를 극복하는 관리법을 일찍부터 터득하는 것이 좋다. 우리는 그저 더 나은 자신을 만들기 위해 노력할 수밖에 없고, 매일의 성적 기록을 깨야 한다. 이런 명언은 일기장에 써두었다가 자꾸 되뇌는 것도 도움이 된다. 그저 되뇌는 것만으로 힐링이 된다.

일찍 철드는 자가 성공한다

의대생들의 고등학교 시절을 살펴보면 성적에 가장 큰 영향을 미치는 부분이 흔히 말하는 '철'이다. 사리를 분별할 수 있는 힘을 말하는 '철'은 일찍 들어설수록 성적에 좋은 영향을 미친다. 그래서 누가 먼저 철드느냐에 따라 목표가 달라지고, 그 목표를 향한 보폭이 달라진다.

누구나 좋은 일과 힘든 일이 있듯이, 고교생에게도 좋은 일과 힘든 일이 존재한다. 의대생이 된 지금도 마찬가지다. 좋은 일만 계속 일어나지 않는다. 하지만 지금은 의사가 되기 위한 과정을 밟고 있고 진로도 확실하기 때문에 약간의 흔들림은 쉽게 극복할 수 있다.

이 단락을 집필하고 있는 나의 경우를 예로 들자면 아직 정확한 진로가 보장되지 않은 고등학교 때는 살짝 방황도 했던 것 같다. 시험 성적이 잘 나오던 시기도 있었고, 낮게 나올 때도 있었다. 특히 내가 다니던 학교에선 학생의 모의고사 성적표를 교무실 문앞에 기명으로 공개하는 학교 특유의 전통(?)이 있어서 시험을 잘 보지 못하면 친구들은 물론 선생님들 사이에서도 소문이 퍼지곤 했다.

이런 상황이 되면 나도 모르게 슬럼프에 빠지게 되는데 패배감에 휩싸이는 것은 한순간이다. 이를 잘 헤쳐 나오지 못하면 슬럼프가 오랫동안 이어질 수 있다.

이 상황에서 탈출할 수 있는 방법은 오직 하나 스스로 일어나고자 하는 마음과 행동의 변화다. 힘든 상황을 객관적으로 받아들이고, "그게 어때서? 그럴 수도 있지!"라고 혼잣말을 하면서 스스로 자신을 다독여야 한다. 앞에서 언급한 동기부여와 관련된 명언을 되뇌는 것도 좋다.

혼자서 일어서는 힘과 함께 외부의 응원이 있다면 더욱 좋다. 가족이나 친구, 선생님들의 조언과 응원이 큰 힘이 될 수 있다. 각각 입장이 달라 누구에게 응원을 받을지 모르지만 때론 그다지 관련이 없는 사람에게 응원을 받을 수 있다. 특히 선생님에게 받는 응원은 더욱 힘이 날 수 있다. 혹시라도 학교에서 조력자로 힘써주시는 선생님이 있다면 그분에게 응원을 받기 바란다. 물론 학교가 아니라 학원도 괜찮다.

학교 선생님은 제자가 잘되기를 바라는 분들이다. 때론 야속하게 말할 때도 있고, 때론 냉정하게 보일 때도 있지만 그분들은 당신들이 가르치는 제자가 좋은 길로 가기를 무조건 바랄 뿐이다.

슬럼프에 빠졌을 때 스스로 극복하는 것이 가장 좋겠지만 그것이 불가능할 경우, 다른 누군가에게 손을 내미는 것도 좋다. 혼자서 끙끙 앓는 것보다 누군가의 손을 잡고 마음의 위안을 찾아보자.

1교시

최고의 자유,
예과 생활

'의대생'이라는 약간은 특수한 위치

갈 길이 확실한 의대생의 진로

대학교의 다른 과와는 달리 의과대학의 경우 '의대생'이라는 용례가 생겨
버릴 정도로 대학 내에서도 약간은 특수의 위치에 서 있는 게 사실이다. 다
른 과에 비해 입학 점수가 높고, 수순만 잘 따른다면 진로가 보장되기 때
문일 것이다. 하지만 그것은 다른 과에서 보는 시선일 수도 있다. 걸어가는
길이 조금 다를 뿐, 그들과 우리는 다를 게 없다. 의대를 목표로 입시를 준
비하는 학생들에게 굉장히 유명한 말이 하나 있다.

　　"의대에 합격하면 예과 2년은 놀 수 있다."

　　의대를 조금이라도 아는 사람들은 의학과본과 공부량이 워낙 많기 때
문에 의예과 2년은 머리를 비우는 과정이라고들 한다. 과연 맞는 말일까?
결론부터 말하자면 절반은 맞고 절반은 틀리다고 할 수 있다. 의과대학은

3) 의대 성적증명서
    - 반드시 본과 4년 간의 전체 석차를 기입
    - 의전원 개설학교의 경우 의대와 의전원의 통합석차 제출
    - 서울대(의대, 의전원) 2021년도 졸업예정자는 제출 필요 없음
    - 해외대학의 경우, 별도 절차를 통하여 진위 확인 예정

2021년도 서울대학교병원 인턴 채용시 의대 성적증명서에 관한 조건으로,
본과 4년간의 성적만 기입하라는 항목이 있다.

2+4년제로, 의예과 2학년, 의학과 4학년으로 이루어져 있다. 흔히 학점 혹은 내신이라고 하는 것은 대학 병원에 인턴을 지원할 때 필요하다. 병원마다 서류 점수를 산출하는 방식이 다르지만 대부분 예과 학점은 점수 산출에 포함되지 않는다.

고로 '예과 2년에 학점을 챙길 필요가 없다' 는 것은 어느 정도는 맞다고 할 수 있다. 그렇다면 왜 다른 학교들처럼 4년제로 하면 되지 2+4년제의 특수한 구조를 취하고 있을까?

의예과는 말 그대로 의학과 과정을 이수하기 위해 준비하는 기간이다. 학교마다 커리큘럼은 상이하지만 보통 의학을 배우기 위한 기초 학문인 생화학, 생리학 등과 더불어 의학 용어 등을 배운다. 의학과 4년 안에 임상 과목들과 기초과목들을 모두 배우기에는 한계가 있기 때문에 준비 기간을 두는 것이다. 의예과 시절에 배운 기초과목들은 분명 임상 공부를 할 때 밑바탕이 되지만 의학과 과정에는 다시 포함되지 않는다.

따라서 의예과 시절에 제대로 공부하지 않으면 기초를 바탕으로 이해를 통한 공부가 단순 암기 과목으로 전락한다. 또한 인간은 습관의 동물

이라 예과 시절 다져놓은 공부하는 습관이 고스란히 본과로 이어진다. 예과 2년 동안 정신없이 놀다 보면 수험생 시절의 집중력은 이미 사라진 뒤다.

그렇기 때문에 예과 시절은 공부와 여가의 균형이 어느 때보다 중요하다. 물론 예과 때 유급 위기에 놓여 있던 동기가 본과에 올라와서 상위권을 하는 경우도 있다. 하지만 언제나 나는 아니라는 것을 명심하자! 고등학교 때 최상위권만 유지해오던 사람이라 의대에서 노력만 한다면 당연히 높은 학점을 받을 수 있을 것이라는 생각도 오만이다. 최상위권끼리의 리그이기 때문이다.

3점대 학점을 유지한다면 꽤 공부를 한 학생이라는 증거며, 4점대 학점을 유지하는 학생들은 수재들이다. 물론 어디에나 과탑은 존재하는데 그들은 사진과 같은 기억력을 가진 괴수다.

그렇다면 의예과에서 공부하는 과목에 대해 좀더 자세하게 알아보자. 앞에서 살짝 운을 떼기는 했지만 의예과와 의학과가 공부하는 과목은 다르다. 의예과가 의학의 기초과목을 배운다면 의학과는 보다 전문적으로 실전에 들어간다. 의예과 필수 전공과목은 일반적으로 일반생물학, 일반생물학실험, 일반화학, 분자세포생물 등이다.

일반생물학은 고등학교 때 『생명과학 I』을 배운 학생이라면 충분히 따라갈 수 있는 난이도고, 『생명과학 II』를 배웠다면 수월하게 학습할 수 있다. 일반생물학실험 커리큘럼에는 동물을 해부하는 과정도 포함되는데 쥐나 개구리, 붕어, 토끼, 닭 등을 해부하고 보고서를 작성하는 식이다.

일반화학은 고등학교 때 화학을 선택한 학생이라면 충분히 따라갈 수 있는 난이도다. 물론 화학을 선택하지 않았다고 하더라도 큰 어려움 없이 공부할 수 있다. 예과 1학년 때 배우는 일반화학은 후에 배울 생화학과 유기화학의 기초가 되는데, 예과 1학년 때 열심히 놀더라도 이런 전공과목들은 잘 챙겨야 한다. 실제로 한 의대에 별명이 '천사'인 일반화학 교수님은 출석을 부를 때 일부러 학생들을 쳐다보지 않으신다고 한다. 예과 1학년 학생들이 워낙 '출튀'나 '대리출석'을 많이 하곤 해서 이를 눈감아주시려는 마음이신 것이다.

하지만 예과 1학년 때 일반화학을 대충 공부하고 진급한 학생들은 결국 부실한 화학 지식 때문에 어려운 화학 수업들을 따라가지 못해 '그때 열심히 해둘 걸……'이라고 후회한다고 한다.

분자세포생물학은 ECM세포외기질, 신호전달, 유전자발현조절, 단백질 합성, 핵과 DNA 복제 등을 배운다. 생명과학과 일부 겹치지만 심화 내용을 많이 배운다. 일반화학이 생화학과 유기화학의 기초가 되듯, 분자세포생물학 역시 생리학과 같은 다양한 과목들의 기초가 되는 내용이므로 잘 공부해두어야 한다.

표를 통해 간략하게 알아보자.

의예과	의학과
일반화학, 의용공학, 생명물리학, 물리화학, 유기화학, 의학개론, 의료정보학개론 및 실습, 의학통계학, 인체유전학, 세포생물학, 분자생물학, 그 외 교양과목	의공학, 의료윤리학, 역학, 의료관리학, 임상약리학, 감염학, 면역학, 종양학, 혈액학, 신경과학, 내분비학, 호흡기학, 소화기학, 순환기학, 행동과학, 일반외과학, 의학교육학, 응급의학, 정신과학, 산부인과학, 소아과학, 법의학 등

상대적으로 시간적 여유가 많은 예과 시절, 본과에 가면 할 수 없는 일들을 해야 한다

예과를 거쳐간 의대생들은 대부분 예과 시절이 가장 편했다고 말하곤 한다. 그렇다 하더라도 이수해야 할 학점이 많기 때문에 매일 학교에 가야 한다. 학교마다 다르겠지만 보통 하루에 세 과목 정도의 수업이 있다. 의대는 학과 공부 특성상 전체 인원이 미리 정해진 커리큘럼대로 수업을 이수하여야 한다. 따라서 본과 때에는 다른 학과 학생들처럼 수강 신청을 할 수 있는 것이 아니라 고등학교처럼 시간표가 짜여 나온다. 하지만 예과 때만큼은 자유롭게 수강 신청을 할 수 있는 학교가 대부분이다.

앞에서도 언급했지만 예과 때는 기본적으로 일반생물학, 일반화학, 의학물리 등 기초과학 과목을 수강하면서 영어나 독일어, 미술교양 등 다양한 교양과목을 접할 수 있다. 본과에 들어가면 어느 대학이든 시간표가 짜여 나와 듣고 싶은 과목을 선택하기가 어렵다. 예를 들면, 아침 9시부터 12시 40분까지 1~4교시가 각 50분씩 진행되고, 12시 40분부터 2시까지 점심시간, 2시부터 5시 35분까지 6교시부터 9교시까지 진행된다. 이때 다른 학과 학생들처럼 이리저리 캠퍼스를 누비며 강의동을 찾아다니는 것이 아니라, 한 강의실에 전체 학생들이 자리에 앉아 있고, 교수님이 강의를 하러 오는 식으로 수업이 진행된다. 마치 고등학교처럼 말이다.

반면 예과 때에는 학생들이 원하는 수업을 선택해 들을 수 있는 선택권이 있는 학교가 많다. 쉽게 말해 예과 2년간은 다른 과 학생들처럼 원하는 수업을 들을 수 있다.

토익 점수도 본과 진급 기준 중에 하나다. 의사는 평생 수많은 논문을 읽으며 끊임없이 쏟아져 나오는 의학 지식을 학습하지 않으면 안 된다. 대부분의 논문들은 영문이기 때문에 탄탄한 영어 실력은 기본적이면서도 필수적 요건이다. 학교마다 기준이 다르겠지만 보통 토익 점수가 750점을 넘겨야 하는데, 미루다가는 깜빡할 수 있기 때문에 가장 여유로운 예과 1학년 때 따놓는 걸 추천한다.

이때는 성적에 대한 부담이나 과목당 공부량이 본과 때보다 훨씬 적기 때문에 나름 여유롭게 대학 생활을 즐길 수 있는 것만은 사실이다.

그래서 이때 자신의 취미를 살려 동아리 활동을 많이 하게 된다. 이때 동기들이나 선배들과 교류하기 때문에 사회생활을 하는 데 많은 도움이 된다. 의과대학의 경우, 다른 과보다 과동아리가 많고 다양하기 때문에 비교적 시간적 여유가 많은 예과 시절에 자신이 도전해보고 싶었던 분야를 배우며 활동할 수 있으니 이 시기를 적극 활용하는 것도 좋다.

놀 때 놀더라도 학점 관리는 제대로, 잘못하다가는 유급당할 수 있다

예과 때 가장 무서운 것은 유급이다. 유급의 기준은 각 대학마다 차이가 나겠지만 일부 학교의 경우 F학점이 하나라도 있거나과락, 평균 점수가 70점 미만일 때평락 유급당할 수 있다. F학점의 기준은 과목 점수가 60점 미만이거나 특정 퍼센트 이상의 결석이 있을 때 받기 때문에 출결 상황을 관리하는 것도 중요하다. 유급을 당하면 한 학기를 제대로 이수했어도, 상위 학년으로 진급하지 못하고 다시 일 년을 처음부터 다녀야 하기 때문에 의대생들이 두려워하는 것 중 하나다. 대학마다 차이가 나겠지만 일반적으로 한 학기에 5~8개 정도의 과목을 공부하고, 각 과목마다 4~6번의 시험을 치른다. 합산해보면 평균 30번 내외의 시험을 치르는데 이때 한 과목이라도 F학점을 받으면 유급당할 수 있으니, 자신의 성적은 자신이 잘 관리해야 한다.

학칙에 따라 다르겠지만 한 학년에 3회 연속, 총 6회 유급을 당하면 제적당한다. 1회 정도의 유급은 자신의 실수라고 넘어갈 수 있으나 여러 번당하면 이것은 자기 관리에 실패했다고 할 수 있다. 솔직히 제적당하면 다시 수능을 통해 입학해야 한다. 의사가 자신의 길이 아니라고 생각해 성적관리를 못한다면 어쩔 수 없으나 의사를 목표로 두고 있다면 이런 일이 일어나지 않도록 조심해야 한다.

물론 이런 제한을 피하기 위해 유급을 당하기 전에 휴학을 권하기도 하니, 잘 선택해야 한다.

⎯ 의대생 선배의 Story! ⎯

행복을 가져다주는 무언가를 찾아라!

대한민국의 입시 전쟁은 유치원 때부터 시작된다고 합니다. 조금 과장된 말이겠지만 사실 초등학교 때부터 사교육을 받으면서 의대를 목표로 두는 학생들이 많지요. 중고등학생이 되면 더욱 치열해집니다. 흔히 "대치동키즈"라고 불린 학생들은 중학교 때부터 대치동 학원을 드나들며 사교육을 받아요. 한시도 쉴 수 없었던 날들을 버티고 싸워온 결과, 당당하게 의과대학에 들어왔습니다.

그렇다면 조금은 쉬어야 하지 않을까요? 그렇다고 무턱대고 쉬기엔 앞으로 해야 할 일들이 너무 많습니다. 경험상 이때를 놓치지 않고 다양한 체험을 해보는 것이 중요해요.

하지만 막상 자유시간이 주어지면 무엇을 해야 할지 막막할 수도 있지요. 이럴 때는 마음속 깊이 '꼭 해보고 싶었는데 시간이 없어 못했던 것'을 생각하면 좋아요. 문득 떠오르는 '그것'이 있다면 바로 예과 시절에 도전해보는 것은 어떨까요. 이때를 놓치면 훗날 시간 내서 배우기가 힘들 수 있습니다.

악기도 좋고, 운동도 좋고, 어학도 좋습니다. 누군가는 대학에 진학하면 독일어와 코딩, 비올라, 필라테스를 배우고 싶었는데 의대에 합격하자마자 모두 도전했다고 해요.

예과를 거쳐 본과에 가면 취미에 몰두할 수 있는 시간적 여유가 없고, 바로 의사국가시험, 인턴, 레지던트를 거치면서 20대의 젊은 날을 모두 소비하게 되므로, 예과 시절에 평생 갈 수 있는 취미 몇 가지를 만들어놓는 것이 평생의 자산이 될 수 있을 거예요.

더불어 책도 많이 읽었으면 해요. "잠시 글자와 멀어지고 싶은데 책을 읽으라고?"라고 반문하는 이들도 분명 존재할 겁니다. 그들의 심정을 모르는 바는 아니지만 공부할 때 읽는 책과 내가 좋아하는 분야의 책을 읽는 것은 다릅니다. 물론 볼테르는 많은 책들이 우리를 무식하게 만든다고 했지만 이것은 철학자가 주는 메타포가 아닐까요? 살만 루시디는 "한 권의 책은 세계에 대한 하나의 버전이다. 그 버전이 마음에 들지 않으면 무시하든지 답례로 자신만의 버전을 제공하라"라고 했어요. 책을 통해 나만의 비전을 세울 수 있다는 것은, 굉장히 매력적인 도전일 거예요.

그리고 그날 일기를 써보라고 권하고 싶습니다. 매순간 나의 느낌이 어땠는지를 적어보면 훗날 나만의 역사가 될 수 있지요. 물론 이것은 취향의 문제니, 자신이 알아서 잘 선택해보세요. 무엇보다 예과 시절에 자신에게 가장 행복한 시간을 만드는 것이 중요합니다. 왜 자신을 행복하게 만드는 시간을 갖는 것이 중요하다고 강조하냐면 의대생은 본과 4년 동안 스트레스를 많이 받기 때문에 그것을 푸는 방법을 아는 것이 도움이 되기 때문이지요.

행여나 열심히 하고 싶은 마음에 예과 때 자기를 행복하게 만드는 무언가를 만드는 시간을 갖지 못하고 공부에만 매진하다가 본과로 들어가면 자신의 의지와는 다르게 나가떨어질 수도 있어요. 그만큼 본과의 공부량이 많기 때문이기도 하거니와 의사라는 일의 특성상 정신적, 육체적 스트레스를 높게 받을 수 있기 때문에 예과 시절 그것을 푸는 방법을 익혀두는 것이 긴 세월 도움이 될 거예요. 쉽게 바꿀 수 있는 진로가 아니기에 자신에게 맞는 스트레스를 푸는 방법을 터득하는 것이 좋을 것입니다.

예과 시절에는 학점을 유지할 만큼의 공부를 하되, 그보다 '내 삶을 풍요롭게 만들어줄 도구'를 마련한다는 생각으로 해보고 싶었던 것들을 마음껏 도전해보세요.

2교시

의대는 역시
암기의 끝판왕

01 의대 공부의 로망, '해부학기'

의대생의 대표 이미지
해부 실습

아마 많은 의대생들이 듣는 단골 질문은 "해부 해봤어?"가 아닐까 싶다. 의대 하면 생각나는 과목이 해부학이라고 할 정도로 해부학은 일반 사람들도 궁금해하는 과목이다.

의대생 선후배가 모인 자리에서도 해부 실습 이야기는 빼놓을 수 없는 단골 주제다. 의대를 꿈꾸는 많은 학생들과 예과생들에게 해부 실습은 로망과도 같은 존재이기도 하다.

해부학Anatomy은 육안해부학gross Anatomy과 미세해부학histology으로 나뉜다. 육안해부학은 육안으로 볼 수 있는 구조를 배우는 것이고, 미세해부학은 현미경을 활용해 볼 수 있는 구조를 배우는 것이다. 육안해부학을 세부적으로 살펴보면 골학, 인대학, 근육학, 내장학, 발생학, 신경해부학 등으로 나뉜다.

미세해부학은 몸의 정상적인 조직을 탐구하는 조직학과 정상에서 벗어난 조직을 탐구하는 질병조직학이 있다. 질병조직학은 보통 예과 2학년 때 배운다.

해부학은 하나의 과목이라고 보기 힘들 정도로 여러 가지 학문을 내포하기 때문에 여러 과목을 공부해야 한다. 그래서 해부학이 어렵다고 말하는 것이다.

육안해부학은 눈으로 볼 수 있는 몸의 모든 구조를 배우기 때문에 그것의 명칭을 외워야 한다. 예를 들어 우리 몸에는 뼈, 인대, 근육, 혈관, 신경, 림프관을 포함하는 다양한 구조가 있다. 우리 몸은 200개가 넘는 뼈가 있는데 그 구조와 명칭을 알아야 한다.

미세해부학은 현미경을 통해 우리 몸의 조직들을 관찰하고 구분하는 학문으로, 우리 몸에 있는 거의 모든 조직들을 슬라이드 형태로 만들어 현미경으로 관찰한다. 그것을 통해 어떤 장기나 조직인지 아는 게 중요하다. 예를 들어 우리 몸의 소장은 십이지장, 공장, 회장으로 나뉘는데 그것에 관한 조직을 구분해야 한다. 처음에는 모든 조직들이 유사해 보이는데 공부를 하다 보면 어느 정도 구별이 가능하다. 그만큼 많이 들여다봐야 한다.

해부학기 맛보기, 골학

해부학은 예과 2학년 때 배우는데 그 시기를 '해부학기'라고 한다. 그리고 그 직전 방학에 의대생들은 골학骨學을 배운다. 골학은 말 그대로 '뼈의 형태나 성질, 기능을 연구하는 학문'으로, 해부학기가 시작되기 전 '맛보기 공부'라고 생각하면 좀 더 편안하게 받아들일 수 있다.

주로 한 학년 선배가 후배들에게 강의를 해주고 그날 밤에 시험을 보는 방식으로 약 1주일간 학습한다. 해부학기 맛보기라고는 하지만, 생각보다 호락호락하지 않다. 골학을 배우면서 많은 의대생들이 "헉! 이게 의대 공부구나!"라고 느끼며 힘들어하는데 그럴 만한 이유가 있다.

첫째, 골학은 보통 해부학기 직전 방학에 실시하기 때문에 예과 1학년 혹은 예과 2학년 겨울방학에 진행되는데, 꿀맛 같은 예과 생활을 즐기던 예과생들은 오랜만에 공부다운 공부를 하는 셈이다. 불시에 접하게 되는 의대 공부는 다소 당혹스러울 정도로 현실적이다.

둘째, 골학은 공부량이 많다. 골학이라고 해서 '뼈의 명칭'만 암기하는 것이 아니다. 물론 뼈만 암기하는 학교도 있겠지만 통상적으로 뼈의 명칭뿐만 아니라 근육과 주요 혈관 그리고 신경까지 배운다. 아무리 핵심만을 골라서 배운다고 해도 인체가 워낙 복잡하기에 자연스레 배우는 양 또한 매우 많다.

셋째, 공부할 시간이 부족하다. 배우는 양도 많은데다가 공부하는 시간도 빠듯하다. 다음 페이지에 나오는 시간표를 보면 알 수 있듯이, 하루는 하지, 하루는 상지, 또 하루는 몸통, 또 하루는 머리와 목을 배운다. 그리고 배운 당일 밤 9시에 그날 배운 것을 시험을 봐야 한다. 이것은 단순히 배우고 이해하는 것을 넘어 무조건 암기해야 한다는 의미다. 근육들의 명칭도 생소하고 어려운데 위치 관계까지 기억해야 하기 때문에 하루 만에 암기하는 데 시간이 부족하다. 의대 공부에서 암기력이 왜 중요한지 뼈저리게 느낄 수 있다.

넷째, 골학을 땡시로 보는 학교가 많다. 실제 해부학기 동안 카데바로 땡시험을 치른다. 물론 골학을 배울 때는 실제 카데바로 시험을 볼 수는 없으니, 골학 시험은 파워포인트에 문제를 띄워놓고 넘기며 보는 방식으로 진행된다. 그러나 난생 처음 땡시라는 것이 무엇인지 감을 익히기에는 충분한 경험이 된다. 한 문제당 약 30초의 시간을 주고 그 안에 답을 적어야 한다. 30초가 지나면 바로 "땡!" 하는 종소리와 함께 다음 문제로 가차 없이 넘겨버린다. '이게 말로만 듣던 땡시구나!'라고 절로 느끼는데, 아는 문제여도 답을 바로 떠올리지 못하면 틀릴 수 있기 때문이다. 이런 종류의 시험을 처음 경험하기 때문에 골학이 힘겨울 수 있다.

당시는 힘들었지만 지금 생각해보니, 골학은 정말 좋은 관행이라고 생각한다. 골학을 잘 배워두면 해부학기 때 아는 것이 많아져 해부학을 습

골학 시간표(예시)

날짜	학습 내용
1일차	총론
2일차	하지
3일차	상지
4일차	몸통
5일차	머리와 목

시간	내용
08:00~08:50	출석 체크, 예습 강의 퀴즈
09:00~12:00	강의
12:00~14:00	점심시간
14:00~21:00	자습
21:00~22:00	시험

*골학 시간표를 보면 하루 일정이 얼마나 팍팍한지 느낄 수 있을 것이다.

득하는 속도나 흥미 면에서 매우 유리하다. 어떤 선배는 골학을 마치 "든든한 국밥"과도 같다고 표현을 했는데, 적극 공감한다. 따라서 학점과 무관하더라도 골학을 열심히 공부하는 것이 중요하다.

해부학을 통해
생명의 소중함을 느끼다

해부학을 배우는 학기를 '해부학기'라고 하는데 이 학기가 시작되면 단체로 맞춤 제작한 가운을 받는다. 파란색과 하얀색 가운, 두 종류다. 파란색은 해부실습용 가운이고 하얀색은 기타 일반적인 실습을 할 때 입는다. 의과대학에 합격한 후, 처음 가운을 받아들었을 때의 설렘은 의대생이라면 평생 잊을 수 없을 것이다. 진짜 의사가 된 것만 같은 느낌이다.

해부학기 첫날, 해부제가 진행된다. 해부제는 시신을 기증해주신 분께 제를 올리는 행사다. 이 날은 모든 동기들이 양복을 입고 한자리에 모인다. 해부 실습실에 들어가면 약 8개의 시리도록 차가운 은색의 관들이 배열되어 있고, 각 관 주위로 둥글게 의자가 놓여 있다. 자기 조에 맞는 관을 찾아 조원끼리 가볍게 인사를 나누면 교수님이 해부 실습 때 지켜야 할 예절들을 말씀하신다.

가장 중요한 것은 해부 실습 시간에는 시신 앞에서 모욕적인 언행을 하지 않는 것이다. 카데바는 오로지 교육 및 연구 목적으로만 활용되기 때문에 생전 개인의 강력한 의사가 있어야 가능하다고 한다. 더불어 개인의 강력한 의사가 있더라도 가족 전원의 동의를 받지 못할 수도 있다. 유교 사상이 강한 동양권에서 사후 자신의 몸을 교육이나 연구 목적으로 기증한다는 것은 대단히 존경받을 일이다. 그 앞에선 언제나 엄숙해야 한다. 더불어 대한민국 형법상 사체 등의 오욕에 해당하는 것은 범죄 행위다.

그래서 반바지나 샌들처럼 너무 편안한 차림은 허용되지 않으며 편하지만 예의를 지킨 복장을 입어야 한다. 가운은 반드시 착용하고 모든 단추를 채우고 실습을 해야 한다. 그리고 해부 실습실을 벗어나면 해부 가운을 입고 있어서는 안 된다.

곧이어 엄숙하고 무거운 분위기에서 시신 기증자에 대한 소개가 이어진다.

"1조 시신 기증자 분께서는 연세가 00세이시고 이름은 000이십니다."

대학마다 다르겠지만 기증자의 사인이나 사연에 대해 말해주는 경우도 있지만 그렇지 않을 때도 있다. 기증자의 소개가 끝나면 조별로 분향소로 이동한다. 학교 해부 실습실 옆방에 분향소가 마련되어 있고, 조별로 들어가서 묵념 또는 절을 하여 제를 올린다. 마음속으로 '00세 000님, 저희를 위해 소중한 시신 기증해주셔서 감사합니다'라고 수백 번 생각했던 것이 떠오른다.

이렇게 해부제가 끝나면 곧이어 세신식이 진행된다. 참고로 해부 실습 복장은 예의를 갖추되 편하고 해부 실습이 끝나면 버릴 수 있는 옷을 고르는 것이 좋다. 카데바는 부패하지 않도록 방부 처리가 되어 있기 때문에 포르말린 냄새가 매우 심하다. 당연히 옷에도 냄새가 배기 때문에 실습이 끝나면 그 옷을 입을 수 없다. 그러니 버려도 상관없는 옷을 고르는 것이 좋다. 특히 실습실 바닥이 미끄러울 수 있기 때문에 구두보단 활동하기 좋은 운동화를 신는다. 물론 카데바에 대한 예의로 최대한 정숙한 복장을 입는 것이 도리겠지만 실습 특성상 그렇게 하지 못한다.

드디어 세신제를 하기 직전 의대생들은 인생 최초로 카데바를 마주한다. 용기를 내어 조심스럽게 손을 뻗어 카데바의 팔을 만져보면 그저 차

갑고 뻣뻣하다. 의대생이라면 그 감촉을 평생 잊지 못할 것이다. 그저 '그렇구나. 그렇구나……'라고 생각하면서 실감하게 된다.

세신식은 카데바의 까무잡잡한 각질을 걷어내는 것을 말한다. 조원끼리 힘을 합쳐 수세미로 각질을 힘껏 벗겨내면 뽀얀 원래의 살색이 모습을 드러낸다. 앞면을 했다면 뒷면도 해야 한다. 모두 힘을 보아 카데바를 뒤집어 반대편도 진행한다. 머리카락을 바리캉으로 밀고 두피 쪽도 꼼꼼하게 각질을 벗긴다.

세신식은 기증자 님께 우리가 해드릴 수 있는 최소한의 예의와도 같은 시간이다. 그래서 최대한 엄숙하게 진행한다.

해부학 성적은 암기력에 달렸다

세신식이 끝나면 카데바에 대한 막연한 두려움이 사라지고 감사와 함께 배움에 대한 의지가 가슴속에 차오른다. 해부학기 동안 각 조는 그에 배당된 한 구의 카데바로 해부 실습을 진행한다.

학교마다 차이가 있겠지만 대개 해부 실습은 주 3회, 하루에 6시간 동안 진행한다. 아침 9시부터 11시 30분까지 오전 실습을 진행하고, 점심 식사 후 2시부터 5시까지 오후 실습을 한다. 실습은 학생 주도적으로 이루어진다. 매일 아침 교수님이 오늘 관찰해야 할 구조물에 대한 설명과 해부 실습시 유의해야 할 사항, 피부 절개 라인을 어떻게 그려야 할지에 대해서만 간단히 말씀해주시고, 실제 실습은 오롯이 조원들의 몫이다. 그렇기 때문에 매일 아침 실습실에 들어오기 전에 미리 학습이 되어 있어야 한다.

예습이라 함은 다음을 포함한다. 이론 강의를 듣고 공부해오기, 『사람해부실습지침』이라는 책을 미리 공부하기, 'E-anatomy'라는 실제 해부 동영상을 시청하기가 기본적으로 예습해야 할 것들이다.

우스갯소리겠지만 해부 실습 때 조원이 세 분류로 나눠진다고 한다. 열심히 공부해서 다른 조원들에게 공부해온 것을 알려주는 '브레인', 매스를 들고 해부하는 '포크레인', 나머지 조원들이 열심히 실습할 때 구경만 하는 '멤브레인'이다.

경험상 보통 열심히 공부를 해오면 브레인 겸 포크레인 역할을 같이 하는 것 같다. 아는 게 많아야 해부 실습도 잘하니 '멤브레인'이 되지 않기 위해서라도 철저하게 예습을 하고 해부 실습에 참여하는 것이 중요하다. 실습이 끝난 후 30분 동안은 조원들이 모여 그날 해부한 구조물을 리뷰하는 시간을 가진다. 보통 조원들이 돌아가며 리뷰를 하는데, 누군가가 근육과 혈관을 가리키면서 "이 근육의 이름은 00이고, 그 아래는 00근육이 있고, 이 근육 사이에는 00정맥과 00동맥이 지나"라고 말하면, 너도나도 구조물을 눈에 담아두고 암기하기 위해 노력한다. 실습 시험은 실제 카데바를 보고 푸는 시험이기 때문에 사진으로 공부하는 것보다 해부할 때마다 구조물을 눈에 익히는 것이 훨씬 효율적이기 때문이다.

해부학 시험은 이론 시험과 "땡시"라고 불리는 실습 시험으로 나뉜다. 해부학 시험을 중간고사와 기말고사만 보는 학교도 있겠지만, 두 번만 시험을 보면 범위가 너무 넓기 때문에 블록제를 실시하는 학교가 많다. 블록제를 잠시 설명하자면, 해부학 실습은 인체를 크게 하지, 등가슴상지, 헤드앤넥, 배골반샅 네 파트로 나눠 진행하는데 각 파트의 해부가 끝이 나면 해당 파트의 이론과 실습 시험을 보는 것이다. 예를 들어, 하지 부분 해부가 끝이 나면 바로 그 부분의 이론과 실습 시험을 통해 평가를 받는 것이다.

파트별로 이론과 실습 시험을 보기 때문에 총 8번의 시험을 치르는 것이다. 따라서 블록제를 실시하면 한 학기가 쉴 틈 없이 통으로 시험 기간이라고 해도 무리가 아니다.

해부학 시험도 골학을 배울 때처럼 '땡시'를 많이 본다. 해부학 땡시를 보는 상황을 상세히 묘사하자면 이렇다. 6인 테이블이 여러 개 놓여 있는 과학실습실에 각 테이블 위에 스테인리스 트레이들이 일정한 간격으로 놓여 있다. 4개씩 10개의 테이블로 40문제를 출제하거나 6개씩 10개의 테이블로 60문제가 출제될 수 있다. 각 트레이 안에는 인체의 일부가 절단되어 놓여 있다. 그리고 물어보고자 하는 부분에 핀이 꽂혀 있거나 끈이 묶여 있다. 보통 혈관이나 신경은 핀이 꽂혀 있고, 근육에는 끈이 묶여 있다. 시험을 볼 때 핀이 꽂힌 구조물은 문제 손상 우려가 있어 절대 건드리면 안 된다. 반면에 끈은 자유롭게 만지고 들춰보면서 문제를 풀 수 있다.

의대생들은 시험장에 입장해서 1개의 트레이 앞에 자리를 잡고 선다. 자기 앞에 놓인 문제부터 풀기 시작하면 되고, "땡" 소리가 날 때마다 옆 문제로 이동하며 문제를 풀어 나간다. 그렇기 때문에 모든 학생이 같은 수순으로 문제를 푸는 것이 아니라 각각 다른 문제를 풀어가면서 자리를 이동하는 것이다. "땡" 소리가 울리면 일제히 다음 문제로 이동하는데, 누가 보더라도 긴장감이 엄습한 분위기 속에 일사분란한 의대생의 움직임만 있을 뿐이다.

열심히 공부해서 땡시를 잘 보면 좋겠지만, 슬프게도 열심히 했다고 모두 땡시에서 만족스러운 결과를 얻는 것은 아니다. "땡시 성적은 DNA에 이미 새겨져 있다"는 말이 있을 정도로 땡시가 잘 맞는 학생이 있고, 열심히 했는데도 잘 보지 못하는 경우도 있다. 이러한 아이러니의 원인은 아마 땡시에 출제되는 구조물이 큰 덩이가 아닌, 트레이 안에 들어갈 정도의 작은 단위로 절단되어 출제되기 때문에 실습실에서 보던 전체 모습과는 달라서 그런 것은 아닐까 싶다.

시험장에서 '어, 이게 도대체 어느 부위지?'라는 생각에 머리가 새하얘지는데 잠시 그러고 있으면 어느새 "땡!" 하고 다음 문제로 넘어가야 하는 상황이 발생한다. 시험장을 나오면 동기들끼리 삼삼오오 모여 문제를 확인한다.

"21번 무슨 문제였어? 그 근육 3개만 달랑 나온 문제."

"아! 그게 승모근이었어?"

이렇게 서로 답을 맞춰보기도 하고, 풀지 못한 문제에 대해 아쉬움을 표한다.

이론 시험은 공부법이 확실하다. 공부법의 정석인 '경이암'이다. 첫째 수업을 열심히 경청한다. 둘째 자기만의 방식으로 이해한다. 셋째 이해한 것을 암기한다.

경이암

경청한다 + 이해한다 + 암기한다

물론 더 중요한 것이 있다. 0순위라고도 할 수 있는데 교수의 출제 방식을 파악하는 것이다. 항해를 하러 앞으로 나아가기 전에 방향을 정하는 과정이라고나 할까. 그리고 기출문제들을 보면서 중요한 출제 포인트와 공부 방향을 결정하는 것이 도움이 된다. 출제 포인트를 파악한 후 수업을 들으면 이해력이 높아진다. 특히 자기만의 효율적 방식으로 수업을 듣는 방법을 터득하는 것이 좋다.

의대 수업은 고등학교 수업과는 조금 달라서 최대한 집중하지 않으면 이해하기도 어렵고 머릿속에 남는 것이 없는 경우가 많다. 이때 필요한 것이 자기만의 수업 방식이다. 그래서 의대생마다 다르겠지만 어떤 학생은 노트 필기를 하고, 어떤 학생은 아이패드에 그림을 그리고, 어떤 친구는 강의 내용 전체를 타이핑한다. 이처럼 자신에게 맞는 방법을 활용하면서 강의 내용을 머릿속에 인지해야 한다. 강의가 끝난 후에도 이해가 되지 않는 부분이 있다면 동기에게 물어 정확하게 이해해야 한다. 고등학교 때는 이해가 되지 않을 때 선생님에게 찾아가 직접 여쭸지만 대학에 들어와서는 동기들끼리 해결하는 경우가 많다.

이해가 끝나면 암기해야 한다. 여기서 하나의 팁을 설명하자면 A4 용지를 반으로 접어 암기해야 할 내용들의 핵심만을 정리해 가지고 다니면서 수시로 암기하는 방식이 있다. 스마트폰 노트에 정리하는 예도 있으니, 각자 자신에게 가장 잘 맞는 방법을 선택하면 된다. 의대생의 경우, 고등학교 때 나름 자신만의 공부법을 터득한 사람들이라서, 각기 효율적인 공부법을 가지고 있다. 아직 자신만의 공부법을 터득하지 못한 분이 있다면 그것부터 만드는 것이 좋을 것이다. 특히 중고등학생이 이 책을 읽고 있다면 그것이 의대에 진학해서도 큰 도움이 된다는 사실을 꼭 알았으면 한다. 중고등학교 때의 공부량과 의과대학의 공부량은 상당한 차이를 보이기 때문에, 자신만의 주도적 학습법이 제대로 정립되어 있지 못하면 의과대학의 공부량을 정복하기 힘들다.

시험 직전까지 수업 내용과 기출문제들을 막힘없이 암기하면 시험 볼 준비는 끝난 것이다.

해부학 파트별 맛보기

해부학에서 어느 부위를 먼저 해부하는지는 학교마다 다르겠지만 이 책에서는 하지, 등가슴상지, 헤드앤넥, 배골반샅으로 설명하려고 한다.

하지

하지는 다리를 말하는 의학 용어다. 사실 다른 파트보다 비교적 쉬운 편이다. 점점 어려워지는 난이도에 의대생들은 "하지 때가 그립다……"라고 많이들 말한다. 근육도 큼직큼직하고 위치 관계도 크게 복잡하지 않으며 주요 혈관과 신경의 주행도 크게 복잡하지 않아서 상대적으로 수월한 파트이다. 발바닥 근육의 층을 보기 위해 발바닥의 각질을 벗겨내야 하는데, 그 과정이 매우 힘이 든다.

등가슴상지

상지는 팔을 말하는 의학 용어로, 등가슴상지는 폐와 심장, 가슴과 등의 근육, 팔 등을 말한다. 팔의 경우 다리보다 근육을 암기하기가 복잡하고 신경, 혈관 주행도 어렵다. 이때 처음으로 폐와 심장을 만져볼 수 있다. 심장의 단면도 잘라서 공부한다. 일부 조는 가로로 자르고, 나머지 조는 세로로 잘라 다양한 단면으로 공부를 한다. 등가슴상지 때 배우는 근육은 헬스를 한 학생에게 특히 반가운 이름이 많을 것이다. 그러한 근육들을 실제로 만지고 볼 수 있는 경험은 정말 특별하다고 생각한다.

헤드앤넥

해부학기에서 가장 공부하기 까다로운 부분이 헤드앤넥이다. 말 그대로 뇌, 눈, 목의 근육, 얼굴의 근육, 혈관, 신경들을 공부하는데, 구조물이 매우 작아서 해부하기가 힘들고, 특히 얼굴의 구조물들은 해부한다고 하더라도 제대로 볼 수 없을 때가 많아 이론적으로만 이해해야 하는 부분도 있다. 또한 머리 안에서 혈관과 신경이 주행하는 것을 이해하려면 공간지각능력도 필수적으로 요구된다. 암기할 것도 많은데다가 해부도 쉽지 않아 많은 의대생들이 가장 힘들어하는 파트다.

배골반샅

배골반샅은 배안의 장기와 샅 부위를 말하며 주로 장기를 배우는 파트다. 소장, 대장, 간, 이자, 비장, 담낭, 생식기를 해부한다. 장기와 장기의 위치 관계를 중요하게 관찰하고 각 장기 구조도 정확하게 들여다봐야 한다. 구조물이 큼직해서 상지만큼이나 이해하기 쉬운 부분이기도 하다.

인체 방향에 대한 해부학 용어

우리 몸은 입체적 구조물로, 인체의 방향을 설명하는 데 용어가 필요하다. 우리가 흔히 일상생활에서 사용하는 상하좌우만 가지곤 부족하다. 그렇기 때문에 인체의 방향에 대한 용어는 해부학의 기본과도 같으며 의사들 간의 소통을 위해 꼭 필요하다.

수직 : vertical
수평 : horizontal
정중 : median
관상, 이마 : coronal
시상 : sagittal
오른(쪽) : right
왼(쪽) : left
중간 : intermediate rostral
안쪽 : medial
가쪽 : lateral
앞 : anterior
뒤 : posterior
배쪽, 앞, 아래 : ventral
등쪽, 뒤, 위[3] : dorsal
이마, 관상[4] : frontal
뒤통수 : occipital
위 : superior
아래 : inferior
머리쪽, 위쪽, 뇌 : cranial
꼬리쪽, 뒤쪽[5] : caudal
입쪽, 앞쪽[6] : rostral
꼭대기쪽, 끝쪽 : apical

바닥(쪽) : basal
바닥쪽, (뇌)바닥쪽 : basilar
중간 : middle
가로 : transverse
세로 : longitudinal
축 : axial
굽힘(쪽) : flexor
폄(쪽) : extensor
바깥 : external
속 : internal
속공간 : luminal
얕은 : superficial
깊은 : deep
몸쪽 : proximal
먼쪽 : distal
중심, 중추 : central
말초 : peripheral
노쪽, 가쪽 : radial
자쪽, 안쪽 : ulnar
종아리쪽, 가쪽 : fibular
정강쪽, 안쪽 : tibial
손바닥, 바닥쪽 : palmar, volar
발바닥, 바닥쪽 : plantar

해부학 성적 올리는 법

공부를 하다 보면 결국 암기가 이해의 기반이라는 것을 절실하게 깨닫습니다. 이는 해부학에서도 마찬가지입니다. 해부학은 의학의 기초로, 수학으로 치자면 덧셈과 뺄셈 등의 가장 기본적인 공식 같은 것이에요. 인체는 새롭게 발견된 구조물을 제외하면 오래전부터 그 자리에 있었던 구조물이 대부분입니다.

해부는 암기다

그렇기 때문에 해부학을 잘하기 위해선 먼저 인체의 구조를 이해

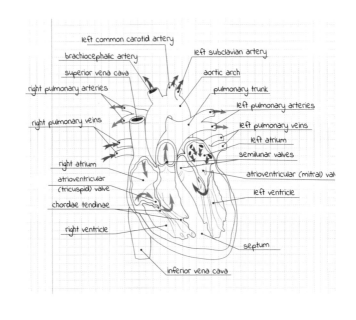

하고 각 구조의 명칭을 외워야 합니다. 인체 구조를 그대로 받아들이고, 자신에게 맞는 다양한 암기법을 활용해 외우면 좋은 성적을 얻을 것입니다.

공간지각력을 높여라

고등학교 때 기하학을 공부하면서 자신이 공간지각력이 높다고 느꼈다면 해부학에 좀더 쉽게 다가갈 수 있습니다. 많은 의대생들이 해부학을 공부할 때 3D 해부도 어플을 보조자료로 활용합니다. 3D 해부도를 통해 근육과 관절의 움직임이나 각 기관계를 레이어별로 제거 또는 추가해가면서 볼 수 있기 때문에 공부하는 데 큰 도움이 됩니다.

이때 공간지각력이 높다면 머릿속에 자연스럽게 각 인체 구조를 3D로 돌려가면서 생각해볼 수 있어 다른 학생들보다 이해하는 데 유리하겠지요. 그렇다고 공간지각력이 떨어진다고 해서 너무 걱정할 필요는 없습니다.

그 외의 다른 보조 수단을 다양하게 활용하면 해부학을 깊이 이해할 수 있을 것입니다.

※ 아래의 페이지의 들어가면 3D 해부도를 볼 수 있다.
https://3d4medical.com

예과 기초 필수 과목

미생물학

미생물학은 아주 쉽게 미생물을 연구 대상으로 하는 학문이다. 하지만 같은 과목이라도 전공에 따라 조금씩 내용이 다르다. 의대에서 배우는 미생물학은 '임상미생물학'이라고 보는 것이 적합하다. 특정 미생물이 인체에 미치는 영향, 일으키는 질병, 임상 양상, 증례 등을 포함해서 배우는 과목이기 때문에 미생물과 인체의 연관성을 공부하는 것이 중점이라고 할 수 있다.

물론 미생물들의 상세한 특성들에 대해서도 자세하게 배운다. 이 과목을 공부하다 보면 '미생물은 작지만, 미생물의 세상은 작지만은 않구나……' 하는 생각이 들기도 한다.

미생물학 교재는 학교마다 다르기 때문에 각 목차의 구성이 다르긴 하지만 대체로 세균, 바이러스, 항미생물 약물, 진균, 면역 등에 대해 배운다. 미생물학을 공부할 때 중요한 것 중 하나가 분류를 꼼꼼하게 외워두는 것이다. 어떤 의학 과목이든 기본 틀을 확실히 이해하고 세부적 항목을 파고드는 것이 좋은데 미생물학은 특히 더 그렇다. 우선 기초 뼈대를 확실히 이해한 뒤에 미생물들을 추가해 공부하는 것을 추천한다. 아래의 표는 세균의 분류 중, 그람 양성균의 기초 뼈대다. 이것을 중점으로 세부 항목을 늘려가는 것이 좋다.

미생물학을 공부할 때 중요한 것 중 다른 하나가 주요 특징을 정확하게 이해하고 외우는 것이다. 그 특징이 개체 자체든 임상적인 것이든 상관없다. 수많은 미생물을 통째로 암기하는 것은 거의 불가능에 가깝기 때문에 주요 특징을 정확하게 이해하는 것이 가장 효과가 높다. 예컨대 '앵무새'와 관련된 내용이 언급되면 원인균으로 제시되는 것이 클라미도필라 프시타시Chlamydophila psittaci일 확률이 높다. 이 병원균은 앵무새와 접촉한 사람

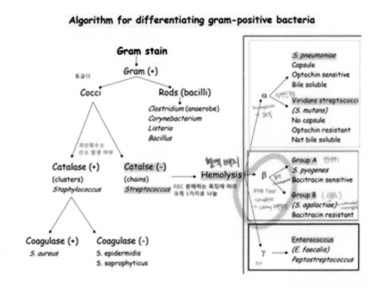

Algorithm for differentiating gram-positive bacteria

에게 앵무병이라고 하는 질환을 일으키는 것이 특징이다. 물론 이것은 단순한 예시로, 이보다 복잡한 특징들을 바탕으로 원인균을 찾아나가야 하는 경우가 더 많다.

조직학

세포가 조직을 이루고, 조직이 기관을 이루며, 기관이 기관계를 이뤄 결국 인체를 구성한다는 사실은 생명과학 시간에 배웠을 것이다. 우리 몸은 크게 4개의 조직상피, 근육, 신경, 결합으로 이루어지며, 4개의 조직 중 하나라도 빠지면 기관이 될 수 없다. 조직학은 바로 그 조직, 즉 비슷한 기능을 하는 세포들의 모임에 대해 배우는 학문이다. 물론 4가지의 조직 안에서도 세밀한 분류가 있다. 이외에도 특징적인 기능을 수행하는 안구 등의 조직도 배우게 된다. 조직 슬라이드를 처음 봤을 때는 다 비슷해 보이지만, 조직별로 각각의 특성이 있다. 조직학을 다 배우고 나면 대략적으로 조직들을 구분할 수 있게 된다. 정상적인 조직의 양상을 알아야, 병리학을 배우면서 이상이 생긴 조직과 구분할 수 있다.

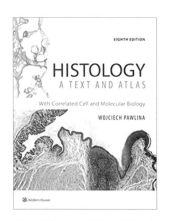

전 세계적으로 유명한 조직학 교재

조직학 교재는 '로스 조직학Ross histology'이라고 불리는 『Histology: A Text and Atlas: With Correlated Cell and Molecular Biology』로, 전 세계적으로 유명한 책이다.

조직학을 공부할 때 중요한 것 중 하나가 '눈에 바르는 것'이다. '눈에 바른다'는 의대에서 자주 쓰이는 표현인데 조직 슬라이드를 반복해서 보면서, 해당하는 조직 슬라이드를 눈에 바르듯 익힌다는 의미다. 각 조직의 특징들을 인지하기 위해선 그만큼 많은 슬라이드를 봐야 한다.

더불어 기초 뼈대를 이해하는 것이 중요하다. 다양한 조직의 분류를 암기하고, 해당하는 조직의 위치 등을 암기해야 한다.

생리학

생리학은 생물체의 기능을 연구하는 학문이다. 생리학은 의학의 대표적 기초과목 중 하나로 노벨상 분야에서 생리의학상이 있을 정도다. 신체의 구조를 배웠다면 신체 작동의 원리 부분을 이해해야 하는데 이 부분을 생리학에서 채울 수 있다. 다른 의학 과목들에 비해 비교적 결이 다르다고 볼 수도 있다. 환자를 진료실에서 치료하는 데 직접적으로 활용되기보다는, 기본 원리를 찾아 치료제를 만들거나 밝혀지지 않은 질병의 기전을 밝히는 역할을 한다.

생리학 교재는 주로 『Guyton & Hall textbook of medical physiology』를 쓰는데 전 세계의 의대생이 이 책으로 생리학을 배운다고 해도 과언이 아니다. 미생물학에서 언급했지만 생리학도 전공에 따라 어느 정도 변형해 배우기 때문에 의대에선 인체에 초점을 맞춰 배운다. 심장, 순환, 호흡, 신장, 소화, 대사, 내분비, 생식 등의 모든 분야에서

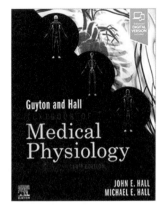

전 세계적으로 유명한 생리학 교재

해당 기관계가 작동하는 원리를 탐구한다. 특히 의대에서의 생리학은 신경계와 관련된 내용을 많이 담고 있는데 다른 기관계에 비해 신경생리를 보다 깊게 다루는 편이다.

생리학은 물리학과 연관이 많다. 하지만 의학물리를 따로 배우지 않는 이상, 의대 과목 중 물리학 지식을 사용할 일은 그리 많지 않다. 그러나 생리학은 다른 과목들에 비해 비교적 물리학 지식이 쓰이는 과목으로, 물리학에 어느 정도 지식이 있으면 도움이 된다.

그리고 의대 교재는 원서가 많은 편이다. 원서를 보는 것이 가장 좋겠지만 몇백 페이지를 영어로 읽다 보면 정신이 혼미해지기도 한다. 그럴 때는 국문 교재와 병행하면 좀더 수월하게 공부할 수 있다. 아쉬운 점은 국문 교재의 경우 번역 및 감수에 시간이 걸리기 때문에 최신판이 비교적 적다. 그래서 영문 최신판과 국문 번역판을 병용하여 공부하는 것이 좋은 방법이 될 수 있다. 물론 한글보다 영어가 편하신 분은 영문 교재로 쭉 공부하면 된다.

발생학

발생학은 세포에서 개체가 되기까지의 과정을 연구하는 학문이다. 특히 태어나기 전인 태아 상태를 중점적으로 배운다. 모든 사람들은 세포가 하나였던 시절이 있었고, 발생수정란 상태에서 복잡한 개체가 되는 일을 거쳐야 한다. 무엇보다, 이 단계에서 이상이 생기면 정상적인 개체로 성장하지 못할 수 있다. 그런 의미에서 발생학은 의학의 첫 번째 도입부라고 할 수 있다.

해부학에선 인체를 크게 머리, 몸통, 상하지로 분류한다. 반면 발생학에선 외배엽, 중배엽, 내배엽으로 나뉜다. 각각의 분류는 성인 개체에서

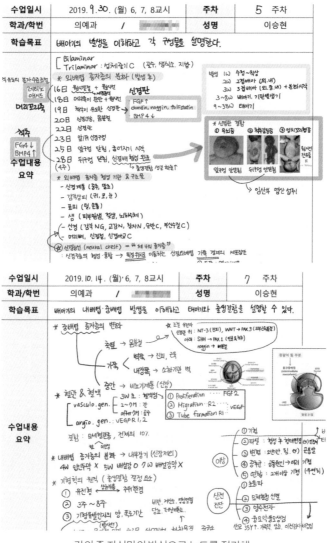

수업일시	2019. 9. 30. (월) 6, 7, 8교시		주차	5 주차
학과/학번	의예과 /		성명	이승현
학습목표	배아의 발생을 이해하고 각 구성물을 설명한다.			

수업내용
요약

[Bilaminar
[Trilaminar : 섭체줄기C (관주, 성식노 지방)
* 외배엽 홑자층의 분화 (발생 후)

레티노
애씨드
머리꼬리축

16日 원시결절 + 원시선
18日 머리쪽이 꼬리쪽 + 원시선   신경판
19日 척삭이 유도한 신경판 → FGF↓
20日 신경주름, 몸말절   chordin, noggin, follistatin
22日 신경판   BMP4↓
23日 앞/뒤 신경구멍
FG4↓   25日 앞신경구멍 닫힘, 흡어시기 시작
BMP4↑   28日 뒤신경구멍 닫힘, 신경배 형성 완료

밤병 1W 수정~착상
      2W 고껍배아 (외,내)
      3W 3껍배아 (외,중,내) + 원시심장시작
      3~8W 배아기, 기관발생기
      9~38W 태아기

★ 신경판 결함
① 무뇌증 ② 척추갈림증 ③ 엄지고리형증

→ 임산부 엽산 섭취!

※ 외배엽 홑자층 형성 기관 & 구조물
 - 신경계통 (중추, 말초)
 - 감각상피 (귀, 코, 눈)
 - 표피 (털, 손톱)
 - 샘 (피부밑샘, 젖샘, 뇌하수체)
 - 신경 (감각 NG, 교감N, 척수N, 유반C, 부신속질C)
 - 머리뼈, 신경절, 신경아교C
★ 신경능선 (neural crest) ⇒ "제 4의 홑자층"

수업일시	2019. 10. 14. (월) '6, 7, 8교시		주차	7 주차
학과/학번	의예과 /		성명	이승현
학습목표	배아의 내배엽·중배엽 발생을 이해하고 태아기와 출생변화를 설명할 수 있다.			

수업내용
요약

※ 중배엽 홑자층의 변화
      축염 → 몸절
      곁판 < 벽쪽 → 진피, 근육
              내장쪽 → 소화기관 벽
      중간 → 비뇨기계통 (신장)

★ 혈관 & 혈색
  vasculo. gen.   3W초: 혈액성
  angio. gen.   2~7W: 간
                  VEGFR 1,2   afterꠛꠛ: 골수

  ① Proliferation → FGF2
  ② Migration : R2   VEGF
  ③ Tube formation R1

※ 내배엽 홑자층의 분화 → 내부장기 (신장제외)
  4W 인두막 X 5W 배설강막 O 7W 배설강막 X

※ 기형학의 원칙 (출생결함 결정 요소)
  ① 유전형   → 우위 환경
  ② 3주 ~ 8주
  ③ 기형유발인자의 양, 폭로기간

강의 중 자신만의 방식으로 노트를 정리해
틈틈이 읽는 것도 좋은 공부법이다.

피부, 근육, 내장이 된다. 이 3가지는 다른 성질을 띠는데 이 세포들은 발생 때부터 각자 맡은 배엽의 노선을 따라 분화해서 전신으로 분포한다. 그리고 각 배엽에 속하는 조직들이 무엇인지, 어떻게 이동하는지, 해당하는 시기에 이상이 생긴다면 어떤 문제가 발생하는지를 알아야 한다.

발생학을 공부할 때 중요한 것은 자신만의 방식으로 노트를 정리하는 것이다. 물론 다른 공부를 할 때도 이는 유용하다. 97페이지의 사진은 『의대생 TV』 멤버가 작성한 발생학 노트로 발생의 단계들을 속속들이 필기한 것이다. 사실 의학 공부에서 '속속들이'라는 단어가 가장 잘 어울리는 것 같다. 모든 의학 지식들을 속속들이 알아야 성적이 높아지고, 훗날 환자를 진료하는 데 도움이 된다.

약리학

진료와 처방은 떼려야 뗄 수 없는 관계다. 사실 임상과목에서 대부분의 치료법이 '약'이라고 해도 과언이 아닐 정도로 본과에서 약리학은 계속 배우는 과목이다. 예과에서의 약리학은 본과에서 본격적으로 약의 기전과 활용 등을 배우기 이전 아주 기본적인 분류나 기전 등에 대해서 배운다.

앞으로도 비스테로이드항염증제NSAIDS, 아세트아미노펜 등은 아마 머리가 쥐날 정도로 지겹도록 보게 될 것이다. 약물 치료는 경구 투여입으로 먹는약와 IV 투여정맥주사투여로 나뉘고, 서로 몸에서 대사되는 부분이 다르기 때문에, 각 용법에 따른 용량도 모두 다르다. 따라서 약리학에서는 이러한 부분에 대한 기본적인 지식을 배운다.

기생충학

기생충학은 말 그대로 '기생충'이나 기생 현상을 연구하는 학문이다. 우리나라의 경우 대한의학회에서 발행한 기초의학 분류에 따라 학습 과정이 이뤄지는데 총론과 원충학, 윤충학, 의용절지동물학으로 나눠 구성된다. 주로 현미경을 통해 기생충을 관찰하는데 사람에 따라 다르겠지만 오랫동안 기억에 남을 수 있다. 참고로 기생충학을 배우고 난 사람들은 대부분 민물고기를 절대 생으로 먹지 않는다. 그리고 민물고기나 게장, 회 등을 먹는 것을 극도로 조심하게 된다. 그렇다고 회를 먹지 않는 것은 아니다.

병리학

병리학은 병의 원인과 발생, 경과 및 그 변화 등에 대해 연구를 하는 학문이다. 병으로 인한 생명체의 세포 수준 및 조직, 장기, 개체 수준에서의 변화를 연구하는 학문이다. 기초의학의 하나로, 의학과나 간호학과 등 의료 관련 학과에서는 필수적으로 배운다. 병리학은 진단세포학과 종양학으로 연관된다. 연구 대상에 따라 해부병리학과 임상병리학으로 분류되는데 해부병리는 조직을 검사하고 임상병리는 체액을 검사한다. 특히 병리학은 조직검사를 중요시하는데 주로 현미경을 통해 공부하는 빈도가 높다. 특히 조직의 특성상 종양의 양성과 악성을 구분해야 하기 때문에 매우 난이도가 높은 과목이다.

골학 성적이 곧 해부학기 성적일까?

골학 성적이 잘 나오지 않으면 해부학기를 잘해낼 수 있을지 걱정이 되게 마련입니다. 골학은 하루 만에 그날 배운 것을 시험 보는 방식으로 진행이 되므로 암기를 빠르게 할 수 있는 학생들에게 유리하지요.

반면 암기 속도는 조금 느리지만 시간을 투자하여 학습하는, 소위 말하는 '노력파' 학생은 골학에서 좋은 결과를 얻기가 힘들 수 있습니다. 그렇지만 골학은 어디까지나 해부학기의 예행연습이지요.

해부학기는 골학과는 달리 배운 내용을 복습할 수 있는 시간이 최소한 2주 이상은 되기 때문에, 암기 속도는 성적에 결정적인 장애물이 되지 않습니다.

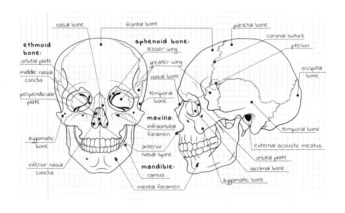

3교시

의대 사상
최고의 시련,
본과

예과와 본과의 공부량

임상과 비임상은 무엇인가?

사실 의대에 들어가 처음 커리큘럼을 받아들면 다소 실망하는 예과생이 많다. 의사 가운을 입고 임상 수업을 받기를 기대한 것과 다르게 예과 1학년에는 의학과 그다지 상관없을 것 같은 물리학, 일반화학 등의 과목으로 이루어져 있기 때문이다. 물론 생물학이나 의학 용어 등 실제로 임상에 사용하는 유용한 지식들을 얻을 수 있는 과목도 있지만 아쉬운 마음이 가시는 것은 아니다.

하지만 그 2년을 지나 본과생이 되면 여러분이 기대했던 의학에 대한 임상과목을 절대 아쉽지 않을 만큼(?) 배울 수 있다. 그렇다면 여기서 말하는 임상과목은 무엇을 말하는 것일까?

의학은 주로 임상과 비임상으로 나눈다. 임상은 실제 직접적으로 환자를 치료하는 데 목적을 두고 있는 학문으로, 임상과목은 내과, 외과, 산부인과, 소아청소년과 등이 있다. 비임상은 역학, 통계학, 의료윤리, 법의학 등 직접적으로 환자를 치료하는 학문이 아니지만, 임상의사들이 진료를 하는 데 도움을 준다. 비임상에는 생리학, 생화학 등 기초의학 연구도 포함한다.

배워야 할 것도, 짊어져야 할 짐도 많은 본과 생활

어쨌든 예과를 거쳐 본과에 들어온 것을 환영한다. 예과에서 의대생의 기분을 맛보았다면 이제는 본격적으로 의사가 되기 위한 과정에 입문할 차례다. 그만큼 배워야 할 것도, 짊어져야 할 짐도 많다. 각오를 단단히 하지 않으면 버티기가 힘드니, 우선 심호흡을 하고 시작해보자.

본과 1학년이 되면 '의사다운 공부'를 할 수 있다는 기대감도 잠시, 여러분들은 먼저 엄청난 학습량이 가득차 있는 시간표를 받아들 것이다. 여기서 압도당하면 안 된다. 이것은 시작일 뿐이다.

하나도 틀리지 않기 위해, 하나라도 더 맞기 위해

매일 아침 8시부터 시작되어, 5시가 넘어서야 끝나는 임상본과 시간표는 여러분들에게 있어서 참신한 경험을 선사할 것이다.

물론 이 책을 보는 고등학생은 '에계, 우리는 야자도 하는데 이게 뭐가 힘들어?'라고 생각할 수 있다. 하지만 예과 2년 동안 나름 '편안한' 생활을 했던 삶에서 다시 스프린트 공부 기계 모드로 돌아선다는 것은 엄청나게 끔찍하고도 힘든 경험이다.

어느 의대의 본과 1학년 2학기 시간표

1학년 14주 - 내분비대사학II

1학년 2학기 14주차	11/18 월	11/19 화	11/20 수	11/21 목	11/22 금
1교시 (09:00-09:50)	호르몬의 생성과 신호전달	뇌하수체 기능저하증	유전성 대사질환 I	갑상선, 부갑상선의 해부학	부갑상선 질환의 외과적 치료
2교시 (10:00-10:50)	내분비학 개론	말단비대증 및 뇌하수체 종양	유전성 대사질환 II	갑상선기능저하증 및 갑상선염	갑상선,부갑상선 질환의 영상진단
3교시 (11:00-11:50)	시상하부와 뇌하수체 축	뇌하수체 후엽 질환 I	유전성 대사질환 III	갑상선결절 및 암	갑상선 질환의 중재치료
5교시 (13:00-13:50)	[기초종합세미나] 생화학	뇌하수체 후엽 질환 II	갑상선호르몬의 대사 및 기능 조절	갑상선 증례	[POGIL] 에너지대사와 영양 I
6교시 (14:00-14:50)	[관련학문에 대한 이해 세미나] 간호학에 대한 이해	[증례] 고프로락틴 혈증	갑상선기능 항진증	갑상선 질환의 외과적 치료	[POGIL] 에너지대사와 영양 II
7교시 (15:00-15:50)		시상하부 뇌하수체 전엽질환의 외과적 치료	뇌하수체와 주변 질환의 영상진단 I	뇌하수체질환 증례	[POGIL] 에너지대사와 영양 III
8교시 (16:00-16:50)		뇌하수체 전엽 질환 증례	뇌하수체와 주변 질환의 영상진단 II	갑상선 질환 증례	[POGIL] 갑상선 질환 증례
9교시 (17:00-17:50)		[평가 후 피드백] 호흡기학II			고지혈증

평범한 의대 시간표로 매일매일이 꽉 차 있다.
본과에 들어오면 신정과 크리스마스에도 시험공부를 해야 하는 삶이 펼쳐진다.

의대는 나름대로 고교 시절 '공부하는 것에 뛰어난 재능을 가진' 학생들이 들어오는 곳이다. 동기 120명 모두 나름대로 소박하게는 전교 1등, 크게는 전국 100등 이내에서 놀았던 사람들이다. 즉, 의대생들은 이미 고교 시절부터 '공부 기계'로 성장해온 베테랑들이다.

하지만 고교 시절 때의 공부량을 생각하고 의대 본과에 진학하게 되면 정말로 큰코다칠 수 있다. 학교마다 다를 수 있지만 대부분의 의대는 주로 1주에 1번, 2주에 1번씩 그 동안 배웠던 것에 대해서 시험을 본다. 물론 학기말 고사는 따로 있다.

보통 한 교시에 수업량이 ppt 100장 정도이니, 분량으로 따지면 고등학생 과학탐구 한 과목을 매주 또는 2주에 한 번씩 외워야 한다는 뜻이다. 고교 시절의 공부와 본과 시절의 공부가 가장 다른 점을 단적으로 표현하는 말이 있다.

> 고교 공부는 '하나도 틀리지 않기 위해서' 공부하지만,
> 본과 공부는 '하나라도 더 맞기 위해서' 공부한다.

사실 더 무서운 것은, 동기들 중 누군가는 이 미친(?) 공부량에서도 '하나도 틀리지 않기 위해서' 공부하는 사람이 있다는 것이다. 그러니 항상 명심하자. 세상은 넓고 여러분보다 더 똑똑한 수재들은 어딜 가나 존재하는 법이다.

한 번 볼 때
완벽하게 이해하는 것이 관건

압도적으로 많은 양의 공부량은, 사실 '공부 베테랑' 인 의대생들조차 혀를 내두를 정도다. 한 학기 동안 공부한 자료를 모두 합치면 아마 사람 키 정도 될 것이다. 의대생은 이것들을 모두 외워야 한다.

사실 이렇게 많은 양을 모두 외워야 할 때는 '여러 번 보면서 외우는 것' 이 아닌, '한 번 볼 때 완벽하게 외우는 것' 이 가장 중요하다.

의대생들 사이에서는 "너 몇 회독 했니?"라는 질문을 자주 하는데 외워야 할 양이 너무나도 많기 때문에 모든 공부 자료를 여러 번 보면서 외울 수가 없다. 그래서 주로 시험 보러 들어갈 때까지 자료 정독 횟수는 '2회독~3회독' 정도가 대부분인 것 같다. 그래서 이때 의대생들의 공부 스타일은 고교 시절과 완벽하게 바뀌게 된다. 아니, 바뀌어야만 한다. 사실 더 정확히 말하자면, 공부 스타일이 바뀌지 않으면 살아남지 못한다. 실제로 수능 만점을 받았던 의대생이 본과 때 유급을 당했다는 것은 의대생들 사이에서는 매우 유명한 사실이다.

인터넷에서 떠돌아다니는 의대 본과생 1학기 공부량 (사진 출처 https://orbi. kr/00024376688)

의대생들은 모두
매주 밤을 샌다?

아직 본과 수업에 들어가지도 않았는데 너무 겁을 준 것 같은데 이것이 현실이니 어쩔 수 없다. 그렇다면 힘든 의대 본과 생활에서 어떻게 하면 잘 적응하면서 공부를 할 수 있을까? 의대 본과생들은 임상과목을 어떤 방식으로 공부할까? 그것에 대해 알아보자.

우선 성적은 대개 '머리 × 노력'에 비례한다. '비례'라는 단어를 쓴 것은 단순히 공부를 열심히 한다고 해서 성적이 좋게 나오는 것은 아니라는 것을 알려주기 위해서다.

혹자는 '의대 정도 들어갈 성적이면 어차피 다들 어릴 적 영재라는 단어를 한번쯤은 들어본 똑똑이들 아니야? 이들 사이에서조차도 머리가 차이가 난다고?'라고 생각할 수 있다.

단순하게 수능 점수로 따져본다면 몇 문제 차이가 나지 않는 '머리'를 가진 사람들이라고 생각하겠지만 실제로 의대에서 수업을 듣다 보면 의대생 사이에서도 차이가 난다는 것을 느낀다.

누군가는 한 번 보면 모두 외우는 반면, 누군가는 서너 차례 보더라도 잘 외우지 못하는 경우도 있다. 사실 의대 공부는 어떠한 원리나 공식이 있는 것이 아니라서 '이해력'을 요하는 공부라기보다는 '암기력'을 더 중요시하는 공부다.

임상 공부는 대부분 어떠한 증상이 있는 환자에게 어떤 질병을 의심해 봐야 하는지, 그럴 때에는 어떤 수치들을 확인해야 하는지, 각 수치가 어떤 기준 이상일 때는 어떤 것을 더 검사해야 하는지, 이를 기반으로 어떤 처치수술를 해야 하는지를 아는 것이 중요하다.

사실 이러한 공부는 '이과'에 특화되어 있는 학생들에게 고교 시절의 공부와 너무나도 다르기 때문에 적응하기가 힘들 것이다. 오히려 '문과' 수업에 탁월한 역량을 보인 학생에게 더 적응하기 쉬운 공부일 수도 있다. 개인적인 의견일 수도 있지만 한국사나 세계사에서 암기를 잘하던 학생이 의대에 와서 적응이 빠를 수도 있다.

그래서 암기력이 높지 않은 의대생은 이를 보완하기 위해 '노력'이라는 것에 더 많은 비중을 둔다. '한 번 보고 외우는 사람이 있다고? 그렇다면 난 열 번을 봐야겠네'라고 생각하면서 지독한 노력으로 차이를 좁히기 위해 최선을 다하는 것이다.

그러다 보니 의대에 자연스럽게 생겨난 문화가 바로 '시험 전에는 반드시 밤을 샌다'라는 것이다. 물론 꼭 의대생이 아니어도 대부분의 대학생들은 한번쯤은 시험기간 밤을 새우는 경험을 할 것이다. 하지만 의대생과 다른 과 학생들의 밤을 새우는 장면을 비교하자면 집중도가 엄청나게 다르다.

의대생들은 밥 먹는 시간도 아까워하면서 엄청난 집중을 통해 밤을 새워가며 공부한다. 실제로 한 의대생은 집에서 학교까지의 거리가 30분이었는데, 이 시간마저 아까워서 학교에서 2분 거리에 있는 곳에서 생활했다. 사실 이 정도는 애교에 속할 수도 있다.

의대에서의 평가 방법은 대부분 상대평가다. 그러니 당연히 다른 동기보다 자신이 더 잘해야 한다는 압박감을 가질 수밖에 없다. 이로 인해 다들 미친 듯이 공부하는 환경이 자연스레 조성이 된다.

그래서 아마 대부분의 의대생들은 매주, 또는 2주일에 한 번씩 있는 시험 전날에는 반드시 밤을 새울 정도로 성적에 대한 집중도가 남다르다. 본과에서 좋은 성적을 얻고 싶다면 성적에 대한 집중도가 높아야 하고, 다른 동기보다 더 많은 노력을 해야 한다. 이것이 의대생의 현실이다.

의사의 불문율과 특권 의식

본과생으로 지내다 보면 새삼 배울 게 너무너무 많다는 것을 느끼게 된다. 특히 본과 4년이 지나면 의사가 되어 실전으로 나가야 한다. 이럴 때는 덜컥 두려움이 생기면서 마음이 조급해지기도 한다.

과연 우리가 한 사람의 생명을 구할 수 있을까? 과연 우리가 고통을 겪는 환자를 편안하게 해줄 수 있을까? 누가 보면 너무 거창하다고 생각하겠지만 의대생이라면 한두 번쯤, 아니 많이 이런 생각을 할 것이다.

사람들은 의사에게 특권 의식이 있다고 빈정대기도 한다. 그럴지도 모른다. 그러나 그 의식은 우리를 더욱 겸손하게 만드는 것이다. 한 생명 앞에 당당하게 다가가기 위해선 남과는 다른 사명을 가져야 하기에, 우리는 그런 의식을 가지고 질병의 고통을 겪는 환자를 대하려고 한다.

의사가 되기 위해선 반드시 알아야 하는 3가지가 있다고 한다. 첫 번째는 가장 흔한 질병에 대해 알아야 하고, 두 번째는 죽음에 이르게 하는 질병에 대해 알아야 하고, 세 번째는 그 외의 모든 것을 알아야 하는 것이다. 즉, 모든 질병에 대해서 알아야 하는 것이 의사의 불문율인 것이다.

모든 질병을 확실하게 알고 가는 것이 가장 좋지만 이것이 도저히 가능하지 않다면 우선 앞의 2가지만이라도 확실하게 알고 가는 것이 좋다. 이렇게 생각하면 마음이 한결 가벼워질 것이다.

버텨라, 사랑도 하고, 공부도 하면서

본과 1학년이 되면 많은 것이 변합니다. 공부 스타일뿐만 아니라 모든 삶이 의학 공부에 맞춰지면서 본격적인 '본과인'으로 살게 되지요. 그리고 청춘들이 모여 있는지라 캠퍼스 커플의 증가가 두드러져요.

고교 시절 공부만 하던 '공부 베테랑'들도 대학교에 오면 사랑에 눈이 뜨이게 되지요. 이때 예과와 본과의 차이가 나는데 예과 때는 다소 여유가 있어 다른 학교나 다른 과 사람들과 사귈 기회가 높아요. 하지만 본과에 들어오면 빡빡한 강의 스케줄과 공부량 때문에 기존 연인들과 헤어지는 경우가 종종 있습니다. 물론 이것은 케이스 바이 케이스로 너무 일반화하지 않기를 바랍니다.

이렇게 예과 때 사귀었던 남자친구나 여자친구와 헤어지고 나서, 의대생들은 하루 종일 도서관에서 동기들과 공부를 하지요. 그러면 어떻게 될까요? 당연히 동기들끼리 사랑이 싹트기도 합니다. 같은 공간에서 공부하고 시험을 보면서 있다 보면 서로에게 끌릴 수밖에 없는데 어느새 누군가 이렇게 물어보지요.

"너네 사귀어?"

사랑과 함께 만만치 않은 공부량을 다 해내자면 조금 버거울 수도 있겠지만 사랑은 무언가 열심히 할 수 있는 동력이 되기도 합니다. 사실 본과 4년간을 돌아보면 가장 힘들었던 시기가 본과 1학년과 2학년이었던 것 같습니다. 예과와 다른 분위기에 많이 놀라고 본과에 적응하려고 노력했던 시기라서 그런지도 모르겠습니다.

죽어라고 공부해도 성적이 나오지 않는 것도 한몫할 것입니다. 그래서 처음엔 많이 좌절하는데 사실 이것에 일희일비할 필요는 없습니다. 그것에 연연하면 더욱 주눅이 들어 자신의 능력을 펼치기 어려워요.

사실 본과 생활은 시험의 연속이기 때문에 작은 시험 하나하나에 연연하면서 얽매이다 보면 본과 생활 자체가 어두워질 수 있습니다. 본과 생활에서 가장 중요한 점은 자신의 멘탈과 건강을 절대 놓지 않고 잘 챙기는 것이지요. 특히 임상과목을 배울 때는 자신에게 잘 맞는 공부 패턴을 만들어놓은 뒤 페이스를 조절하면서 조화를 이뤄가면 수월하게 적응할 수 있을 거예요.

본과의 적응기는 다소 힘들 수 있지만 잘 버티다 보면 어느새 병원의 PK가 되어 있는 자신을 발견할 수 있을 것입니다. 미래의 의사 님들이 잘 버텨낼 거라고 생각하며 응원을 보냅니다.

● PK(Poly klinic)는?

본과 3~4학년이 되면 강의실에서 수업을 듣기보다는 병원에서 실습을 돌면서 대부분의 시간을 보낸다. 이렇게 여러 과들을 체험한다는 의미에서 본과 3~4학년 학생들을 흔히 실습학생, 학생의사 혹은 PK라고 부른다.

4교시

병원 실습의 시작,
PK

임상 실습의 시작 화이트 코트 세리머니

학생의사로서의 생활

대부분의 의과대학에서 본과 1~2학년은 임상 의학을 배우고, 본과 3~4학년은 병원에서 실습하며 배운다. 이때 의사 가운을 입긴 하지만 실제 환자 진료에 참여하지 않는다. 그래서 본과 3~4학년은 학생의사로서 생활하게 된다.

본과 1~2학년을 잘 버텨왔다면 이젠 흰 가운을 입을 수 있는 기회가 주어지는 본과 3학년을 맞이해보자. 시험의 늪과 성적의 굴레에서 살아남은 학생들은 드디어 병원에서 실습하며 본격적으로 의사가 될 준비를 시작하게 되는데, 그 첫 걸음은 화이트 코트 세리머니와 함께 시작된다.

의사의 소명을 느끼게 해주는
화이트 코트 세리머니

화이트 코트 세리머니는 본과 3학년의 시작을 알리는 대표 행사다. 교수님들과 동기들이 모두 강당에 모여 지난 2년간의 의학 공부를 되돌아보고, 앞으로 병원에서의 임상 실습에 임하는 마음가짐에 대해서 한 번 더 다짐하는 시간을 갖는다. 흰 가운을 걸치고 청진기를 목에 거는 순간 우리 모두가 향한 꿈에 한 발짝 더 다가갔다는 느낌이 들면서 가슴이 벅차오름을 느낄 수 있다. 행사에는 학교 후배들뿐만 아니라 가족 및 지인들도 참여할 수 있는데, 이때 가족에게 의사 가운을 처음 걸친 모습을 보여줄 수 있다. 이 모습에 가족들이 자랑스러워하는 모습을 보이면 왠지 모르게 코끝이 시리다.

화이트 코트 세리머니는 단순히 본과 3학년으로의 진급만을 뜻하진 않는다. 흰 가운은 곧 의사의 상징이고, 이를 걸친다는 것은 단순히 교과서로만 습득했던 의학이라는 학문에서 벗어나 병원 안의 환자들, 즉 실제 생

예과 시절, 선배들이 4년간의 공부를 마치고 임상 실습에 나갈 준비를 하며 걸치는 흰 가운이 그렇게 멋있을 수가 없었다. 힘든 공부를 포기하지 않고 버텨낸 끈기와 노력에 대한 존경과 함께 앞으로 병원을 돌아다니며 실습을 하게 될 모습들을 생각하며 진심 어린 축하를 보내던 기억도 난다.

명을 지키는 일에 한 발짝 다가간다는 큰 의미가 있다. 화이트 코트 세리머니는 앞으로 병원에서 환자들을 마주하기 전, 다시 한 번 의사의 소명을 다짐하는 소중한 계기가 될 수 있다.

실습의 시작을 알리는 행사가 끝나고 나면 이제 본격적으로 병원과 과를 배정받고 실습에 임해야 하는 시간이 다가온다. 학교마다 일정은 상이하지만 보통 각 과별로 짧게는 1주, 길게는 한 달씩 돌아가며 실습한다.

── 의대생 선배의 Story! ──

임상 실습생의 준비물

더 이상 가방을 메고 수업을 들으러 다니는 학생이 아닌
임상 실습생이 되었습니다.

임상 실습생의 필수 준비물을 소개합니다!

복장

• 정장과 구두
대부분의 병원에서 임상 실습생의 복장은 단정하고 깔끔한 정장과 구두입니다. 남학생의 경우에는 넥타이 또한 신경을 써야 합니다. 병원 내에서 깔끔함과 단정함을 유지하기 위한 첫 출발이 바로 복장이 되겠죠?

- **흰 가운**

임상 실습을 도는 2년간 흰 가운과는 소울메이트가 되어야 합니다. 회진 및 외래, 검사실 참관, 각종 강의 등 모든 일정에 가운 착용이 필수입니다. 다만 학교마다 가운의 형태는 다를 수 있어요.

검사 도구 3종 세트

- **청진기**

의사의 상징 청진기! 자주 사용되지는 않지만 검사 도구 3종 세트 중에서 가장 비중이 높아요. 종종 회진이나 외래, 환자 문진시 직접 청진할 수 있는 기회가 올 수 있으니 항상 가운과 함께 몸에 지니고 다닙니다. 또한, 의사국가시험 실기를 연습할 때에도 동기들과 함께 서로 청진을 해보면서 공부를 하기도 해요.

- **해머 & 펜라이트**

해머와 펜라이트는 특정과, 예를 들어 신경과에서 사용될 수는 있으나 주로 실기시험 연습시 사용하게 됩니다. 물론 환자 문진 과정에서 필요하다면 능동적으로 사용해볼 수 있겠죠. 필자는 펜라이트는 한 번도 사용한 적이 없으나, 항상 가운 주머니에 넣고 다녔습니다.

기타 준비물

• 임상 실습생 명찰

임상 실습생이 되면 실습 명찰을 차고 다닙
니다. 목걸이 형태로 목에 걸거나 클립 가운
주머니에 꽂고 다닐 수 있어요. 직위는 '학
생'이지만 병원 구석구석 출입증으로 쓰일
수도 있고, 넘으로 자신감도 올려주는 요
긴한 아이템이에요.

• 클립보드

각종 공부 자료와 필기본을 들고 다니기 위
한 클립보드입니다. 많은 학생들이 실습 중
에 클립보드를 들고 다니면서 보고 배우는
내용들을 기록하고 공부합니다. 병원에서
어딘가 어색하게 클립보드를 들고 다니는
사람이 있다면 실습생일 확률이 상당히 높아요!

• 문진이란?

문진은 진찰에서 빼놓을 수 없는 과정으로 의사가 환자
의 자각증세를 듣고, 그에 대해 이런저런 진행 사항을 묻
는 것으로, 환자 가족의 병력을 조회하는 데 목적을 두는
진단법이다.

02 **PK의 하루 : 뼈로 느끼고 심장에 새기다**

이것이 현실이다

본격적으로 병원 현장에 나가 실습을 돌게 되는 첫날, 지금까지의 배움이 얼마나 죽은 것이었는지 깨달을 수 있다. 고등학교 시절부터 본과 2학년까지 교과서 문장들에 밑줄 긋고 별표를 그리며 공부하던 습관들은 현장 실습에선 절대로 적용이 불가능하다. 말 그대로 병원은 실제 환자에게 진단과 검사, 치료가 행해지는 그야말로 현실이기 때문이다. 지금까지와는 너무도 다른 현실에 맞닥뜨린 임상 실습생, 앞으로 어떻게 파헤쳐 나가야 할까?

이제껏 수동적이었다면
이제부턴 능동적으로

예과 시절부터 선배들에게 이런 말들을 들어왔다.

"본과 3~4학년부터는 공부량이 훨씬 줄어서 편해. 본과 1~2학년만
잘 버티자."

맞는 말이다. 우리가 배워야 할 기초의학, 의학 총론 및 각론은 본과 1,
2학년 때 상당 부분 끝내게 된다. 그렇기 때문에 실습생이 공부해야 하는
절대적인 지식의 양은 오히려 줄어든다. 임상 실습은 앞서 공부한 의학 지
식을 바탕으로 실제 현장을 관찰하고 지식들을 적용해보는 단계이며, 이
때부터 슬슬 공부 방식의 변화를 준비하게 된다.

다만 갑작스럽게 공부 방식이 변하기 때문에 본과 3학년생은 학기 초
반에 혼란스러움을 겪을 수 있다. 교재를 달달 외워야 할 시간에 실제 환
자들의 차트를 파악해야 하고, 시험공부를 해야 할 시간에 환자 보고를
위한 과제 준비일명 케이스 발표에 많은 시간을 쏟게 되기 때문이다. 이렇듯 임
상 실습생이 되면 이전의 수동적인 공부 방식을 버리고 능동적인 체험 방
식으로 변해야 하며, 이에 적응하는 데 꽤 많은 시간이 필요하다.

한 가지 확실한 것은 우리가 얼마나 능동적이 되느냐에 따라 배움의 범
위가 달라진다는 것이다. 즉, 자신이 능동적일수록 훨씬 많은 것을 배우고
느낄 수 있다. 실제 환자 단 한 명을 보더라도 의학적으로 깊게 고민하고 관
련 자료를 파헤치다 보면 수많은 의학적 지식을 얻을 수 있다. 하지만 이를
반대로 말하면, 능동적이지 않으면 아무것도 배울 수 없다는 뜻도 될 수
있다.

임상 실습생의 하루 일정

임상 실습생의 힘든 점이라고 하면 하루 일과를 다른 과의 학생보다 일찍

시작해야 한다는 것이다. 대학 병원의 많은 과들이 환자 토의, 논문 리뷰 등의 아침 콘퍼런스로 하루를 시작하는데, 실습생은 이 일정부터 함께 참여해야 하기 때문에 이르면 7시, 늦어도 8시에는 출근을 해야 한다.

여기서 말하는 출근이란 말끔한 복장 위에 흰색 가운을 걸치고, 콘퍼런스 장소에 앉아서 대기하는 것을 뜻하기 때문에 실제로 기상 후 집이나 숙소를 출발하는 시간은 그것보다 더 빨라야 한다.

콘퍼런스를 마치고 나면 몇몇 과를 제외한 대부분의 과에서 병동 회진을 도는데, 회진 참관 또한 실습생의 오전 일과 중 하나다. 교수님과 전임의, 전공의 선생님들의 꽁무니를 쫓아 부지런히 병동을 돌아다니며 실제 환자들의 이야기와 교수님의 설명을 엿들을 수 있는 소중한 기회다.

회진 일정까지 끝나면 오전 일정은 어느 정도 끝나게 되고, 이후에는 각

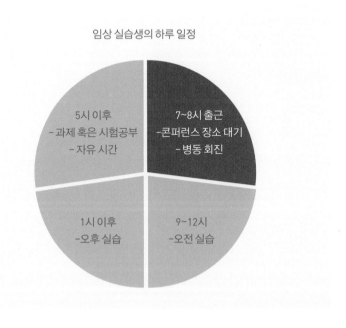

임상 실습생의 하루 일정

과마다 정해져 있는 실습 스케줄을 수행한다. 이 스케줄은 병원, 과, 요일마다 각각 다르고 유동적으로 이루어지기 때문에 뒤에서 간략히 소개하도록 하겠다.

퇴근 시간 또한 모두 제각각이지만 5시 전후로 실습이 마무리가 된다. 이후 저녁 시간을 어떻게 활용할지는 개인의 자유다. 해당 주에 시험이 있다면 시험공부, 실습 과제가 있다면 학교에 남아 과제를 하기도 하며, 자유롭게 가족 및 친구들과 저녁 약속을 잡고 여가를 즐기기도 한다.

실습 일정에는 어떤 것들이 있을까?

구체적인 실습 일정은 각 병원 및 임상 과별로 천차만별이지만, 어떤 활동을 하는지에 따라서 크게 분류하면 아래와 같다. 과연 실습생들은 병원을 돌아다니면서 무엇을 보고, 듣고, 느끼게 되는 걸까?

콘퍼런스

대학 병원은 환자 분들의 상태에 대한 끝없는 고민과 토의가 이뤄지는 곳이다. 한 명의 환자를 여러 과들이 협력하여 진찰하기도 하고, 각 과 내에서도 여러 의사들이 환자의 치료와 관리에 대해 논의하기도 한다. 또한, 새로운 논문 및 의학 지식들을 공유하고 함께 공부하며 최신 지견을 갖추기 위한 노력 또한 게을리하지 않는다. 이 모든 것의 시작은 바로 콘퍼런스에서 이루어지는데, 실습 학생들도 이 자리에 참석하여 하루를 시작하게 된다. 콘퍼런스의 모든 내용을 알긴 어렵지만, 전공의 선생님들의 환자 보고나 교수님들의 토의 과정을 간접적으로 체험하며 생각보다 많은 지식을 얻을 수 있고, 대학 병원의 학구적인 분위기 또한 덤으로 느낄 수 있는 시간이다. 주로 아침 일찍, 하루를 시작하며 진행한다.

회진

입원 환자들을 대상으로 교수님, 전임의, 전공의 선생님들과 함께 회진에 참여한다. 입원 환자들은 회진 시간에 교수님들께 불편한 점을 토로하거나 궁금한 것들을 물어보고, 교수님들은 이를 바탕으로 추가 진찰과 처방을 내리게 된다. 환자들이 어떤 증상을 호소하는지, 그에 따른 교수님들의 조치는 무엇인지 관찰할 수 있는 시간이다. 특징적인 의학적 징후가 있는 환자가 있다면 교수님 지도하에 짧게나마 청진이나 신체 검진의 기회가 주어질 수도 있다.

검사실 참관

병원에서 이뤄지는 수많은 검사들은 모두 어디에서 이루어지는 걸까? 이전에는 몰랐거나 고민해보지 않았던 의문점들이 실습을 하면서 풀리게 된다. 병원 곳곳에 환자들을 위한 검사실이 존재한다. 기본적인 영상검사와 혈액검사부터 시작하여 각종 특수 검사실이 존재하며 임상 실습을 돌면서 해당 과에서 진행하는 검사들을 참관할 수 있다.

외래 참관

대학 병원 외래 진료실에서 교수님 뒤에 서 있거나 앉아 있는 사람을 발견한 적이 있다면, 높은 확률로 임상 실습생이었을 것이다. 실습을 돌면서 가장 많이 참여하게 되는 일정 중 하나가 바로 외래 참관 일정이다. 한 타임에 수십 명 가량의 환자들을 진료하는 모습을 관찰하면서 주로 어떤 질병을 가진 환자들이 어떤 증상을 호소하는지 알 수 있고, 이에 따라 어떤 치료가 행해지는지도 관찰할 수 있다. 덤으로, 교수님들의 진료 스타일을 보며 자신의 미래 모습을 상상해볼 수 있는 재미있는 경험을 할 수도 있다.

수술실 참관

의학 드라마에서 빈번히 나오는 수술실 장면 그리고 푸른 가운을 입은 사람들을 보며 의학도이 꿈을 키운 학생들이 많을 것이다. 그리고 그 푸른 가운의 사람들 중 한 명이 될 수 있다면 설렘은 두 배가 될 것이다. 수술실 참관 일정은 모든 수술 과정을 관찰할 수 있는 소중한 기회다. 환자의 마취부터 수술 부위 절개, 수술 진행 과정 등 수술실의 분위기를 고스란히 느낄 수 있다. 임상 실습생은 수술실에서 민폐를 끼치면 안 되기 때문에 주변이 오염되지 않도록 각별히 주의하고 신경을 써야 하는데, 이 과정이 상당한 체력을 빼앗는다. 수술 종류에 따라 다르겠지만 때론 오랜 시간 추운 수술실에 서 있으면 힘들 수도 있다. 하지만 수술 참관은 매우 큰 도움이 되기 때문에 일에 대한 열정으로 견뎌내자!

술기 참관

술기란 환자들에게 행해지는 각종 의료 처치 등을 말한다. 예를 들자면 채혈, 콧줄 삽입, 소변줄 삽입, 심전도 측정 등이 있다. 실습을 돌며 간단한 술기부터 시작하여 숙련도가 필요한 전문 술기들까지 참관할 수 있는 기회가 주어진다.

면담 참관

병원에서는 단순 진료를 넘어서 환자들의 소리에 조금 더 귀기울일 수 있는 면담 시간이 존재한다. 전공의, 전임의 선생님들께서 환자 상태나 앞으로의 치료 계획에 대해서 환자와 보호자들과 상담하는 모습, 또는 병동에 입원하기 전에 면담을 진행하는 모습을 참관할 수 있다.

케이스 발표

시험이나 공부량이 줄었다고 해서 실습생들이 완전한 자유를 누릴 수 있을 것이라는 착각은 금물이다. 실습생들의 중대한 과제 중 하나는 바로 매주 있는 케이스 발표다. 케이스 발표는 특정 환자가 병원에 오게 된 이유부터 시작하여 질환을 진단받게 된 과정 그리고 앞으로의 치료 계획 수립까지의 일련의 과정을 논리적으로 정리하여 발표하는 과제다. 이 과정을 통해 임상 실습생들은 의사로서 환자를 처음 접하고 치료를 결정하는 과정을 간접적으로 체험함으로써 환자 진료에 한 발짝 다가갈 수 있는 법을 배우게 된다. 대부분의 과에서 학생들의 케이스 발표를 중요하게 여긴다. 특히 실습 과가 바뀔 때마다 케이스 발표를 준비해야 하기 때문에 결코 만만한 일이 아니다.

강의

임상 실습생의 강의는 동기들과 강의실에 모여서 듣는 강의와는 또 다른 맛이 있다. 실습 중간중간 교수님 또는 전임의나 전공의 선생님들로부터 현장 강의를 듣게 되는데, 실습 조원들과 옹기종기 모여 마치 과외를 받는 느낌이 들 수 있다. 각 과별로 강의가 준비되어 있고 실습 상황에 맞는 내용이기 때문에 해당 과에 대한 이해도가 훨씬 높아질 수 있다는 큰 장점이 있다.

케이스 발표, 도대체 뭘 발표하라는 거야?

케이스 발표는 실습 기간 동안 떼려야 뗄 수 없는 임상 실습생들만의 특별 과제입니다. 처음에는 정말 생소하게 느껴질 수 있고, 도대체 무엇에 대한 발표인지 감이 잡히지 않을 수 있어요. 케이스 발표를 한 줄로 요약하면, 특정 환자가 병원에 들어오는 순간부터 치료를 받고 나가는 순간까지의 모든 과정을 일목요연하게 정리하여 발표하는 것을 뜻합니다.

보통 실습 첫날에 교수님들께서 발표해야 하는 환자를 지정해줍니다. 그러면 학생들은 실습 중간에 환자가 입원해 있는 병실을 찾아가 자세하게 문진을 하고, 필요하다면 간단한 신체 검진까지 해볼 수 있습니다. 이런 과정을 통해 환자가 병원에 와서 치료를 받게 되는 모든 과정을 정리하고, 이를 콘퍼런스 시간에 교수님과 전공의 선생님들 앞에서 발표하게 됩니다.

나도 인턴이 될 수 있다고?

선택의학실습, 서브인턴이란?

'선택의학실습'이라고 하는 서브인턴은 의대생들이 PK 실습을 모교가 아닌 다른 병원이나 기관 등에서 배울 수 있도록 하는 제도다. 이 제도의 취지는 의대생들이 다른 병원이나 기관의 문화를 체험하면서 자신이 원하는 진로를 선택하는 데 도움을 주기 위해서다. 그래서 많은 의대생들은 기회가 된다면 서브인턴을 모교가 아닌 다른 대학 병원에서 체험하고 싶어하는 편이다. 물론 모교에서 서브인턴을 하는 것도 나름 장점이 있다.

통상적으로 서브인턴을 얼마나 잘했는지에 대해선 학점으로 평가받지는 않는다. 다만 Pass or Fail 개념으로 정해진 기간 이상으로 수료했는지는 반영되기 때문에 필수 과정이라고 할 수 있다. 기간은 학교마다 약간씩 다르겠지만 약 한 달 정도 할당되어 있다. 학생들은 서브인턴 시즌여름방학, 겨울방학에 병원 공고를 기다리며 가고 싶은 병원이나 과에 지원서를 제출한다. 대표적으로 서울아산병원, 삼성서울병원, 신촌세브란스 병원이 다른 학교 학생들을 많이 받아들이기 때문에 지방 의대생들이 많이 지원한다. 선발은 성적순이지만 과에 따라 지원하게 되므로 운에 따라 성적이 높지 않아도 붙을 수 있다.

하지만 꼭 대학 병원이 아니라 개인 병원이나 공공기관 같은 곳에서도 할 수 있다. 작은 개인 병원의 경우 교수님에게 계획서를 제출하고 친족이 아님을 증명하면 허락을 받을 수 있다. 사실 친족이 하는 병원이라면 서브 인턴이라고 할 수 없을 정도로 편안할 것이다. 그래서 막는 부분도 있겠지만 사실 서브인턴은 다른 대학 병원이나 병원기관 등을 경험해볼 수 있는 소중한 기회다. 그 기회를 그저 평안하게 치르고자 한다면 자신에게 큰 손해가 될 수 있다.

꼭 병원이 아니더라도 보건복지부나 질병관리청과 같은 공공기관도 계획서를 제출하면 허락을 해주곤 한다. 유튜브 채널의 「의대생 TV」의 멤버이자 이 책의 참여저자이기도 한 최형준은 부다페스트의 한 의대에 교환학생으로 갔다왔는데 서브인턴으로 인정을 받았다. 그러니 새로운 경험을 할 수 있는 서브인턴 제도를 적극 활용하기 바란다. 이것이 자양분이 되어 여러분의 미래 모습이 조금은 달라질 수 있다.

서브인턴은
주로 무슨 일을 할까?

서브인턴은 학기 중 PK와 크게 다를 것이 없다. 다른 대학 병원의 시스템을 체험하고 오는 것이다. 다만 모교에서 없는 과를 찾아 지원했다면 학기 중 배우지 못한 내용들을 배울 수 있다.

다만 교수님들이 다른 학교에서 온 의대생들에게 좀더 편안하게 해주는 분위기가 있다. 교육적 성격보다 병원 소개의 느낌이 강하기 때문이다. 특히 서브인턴 기간은 성적에 들어가지 않으며 전국 의대생 만찬, 교수님과의 만남 등 사교의 장도 마련되어 있다.

서브인턴은
어떻게 할 수 있을까?

대학 병원의 서브인턴 공고는 주로 여름방학이나 겨울방학에 올라온다. 학교마다 일정은 조금씩 다르겠지만 주로 본과 2학년을 마친 이후에 병원의 공고에 맞춰 메일로 지원서를 접수하면 된다. 지원서에는 자신이 병원이나 과를 선택한 동기에 대해 설명하는 자기소개와 성적, 희망하는 과 1~3개를 적어 제출한다. 페이스북 등에 '의대생 스펙업' 등 서브인턴 정보를 모아서 전달하는 페이지도 많으니 잘 활용하면 좋을 듯하다.

개인적으로는 대학 병원 공고 외에 자신이 관심 있어 하는 곳에 콜드메일을 보내 가는 것을 추천한다. 기왕 모교를 떠나 새로운 환경에서 학습하는 것이라면 좀더 넓은 곳에서 체험하고 오는 것도 좋은 기회가 될 수 있다.

본과 3~4학년의 시험 유형

시험 빈도는 줄어들지만
종류는 더 다양

본과 3~4학년이 되면 내신시험 빈도는 이전에 비해 줄어들지만 시험 종류는 더욱 다양해진다. 이전에는 학교 강의를 기반으로 내신시험을 봐 왔다면, 이제부터는 의사국가시험醫師國家試驗/KMLE, Korean Medical Licensing Examination을 대비해야 한다. 이 시험은 흔히 '의사 국시', 또는 '국시'라고 한다. 국시는 의과대학이나 의학전문대학원 졸업 예정자나 졸업생이 보는 시험으로, 의사 면허를 따기 위한 마지막 관문에 해당된다.

국시는 필기시험과 실기시험으로 나눠지며 실기시험은 9월과 10월 중 하루 그리고 필기시험은 다음 년도 1월에 치른다. 또한, 고등학생들이 수능 모의고사를 보며 실전에 대비했듯이 의대생들도 임상의학종합평가와 임상수행능력평가로 불리는 여러 모의고사들을 통해 국시에 대비한다. 의사국가시험은 중요하기 때문에 다음 장에서 더 자세하게 설명하고, 여기서는 본과 3~4학년 실습생들이 어떤 다양한 시험들을 치르는지 살짝만 알아보자.

내신시험

실습생이 되었다고 해서 학과 내신시험을 보지 않을 것이라고 생각했다면 큰 오산이다. 각 과별 실습을 돌면서 공부하게 된 내용들에 대한 시험을 봐야 한다. 시험 일정은 학교마다 상이하고, 해당 시험의 내신 반영 비중 또한 다르기 때문에 자신의 학교 상황에 맞는 알맞은 전략을 짜서 공부해야 한다. 학과 시험의 내신 반영 비중이 높은 학교의 경우, 의대생들은 임상 실습과 시험 준비를 병행하게 될 확률이 높아 시험 기간 스트레스는 배가 되기도 한다. 그래도 시험을 보는 횟수가 현격히 줄어들었다는 점에서 위안을 얻을 수 있다.

임상의학종합평가

'의대생들의 모의고사'라고 할 수 있다. 고등학교 수험생들이 수능 시험 전에 여러 번의 모의고사를 보았듯이, 의대생들도 임상의학종합평가라는 전국 단위의 시험을 통해 의사 국가시험을 대비하고 있다. 문제 유형도 국가시험과 비슷한 형태로 출제되고, 전국 의대생들 사이에서 자신의 위치를 확인할 수 있기 때문에 상당히 중요한 시험 중 하나다.

임상수행능력평가 모의 진료

임상수행능력평가

임상수행능력평가Clinical performance examination, CPX는 의사국가시험 중 실기시험에 속하는 항목으로, 진료문진 파트에 해당한다. 모의 환자들을 대상으로 직접 진찰하고 면담까지 진행해야 하는 의과대학만의 독특한 시험이다. 표준화 모의 환자들은 짜인 각본을 가지고 연기를 하는 연기자들인데,

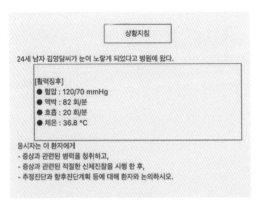

임상수행능력평가
문제 예시

순환/호흡 계통	소화계통	근골격/피부 감각기/내분비
가슴통증	구토	관절통증
객혈	복통	근력/감각이상
고혈압	변비/설사	목 통증 / 허리 통증
기침	소화불량	이상지질혈증
두근거림	토혈	
실신	혈변	
콧물 / 코막힘	황달	
호흡곤란		

신장/비뇨/생식/소아 계통	정신/신경	전신 증상/ 상담
배뇨 이상	경련	체중 증가
붉은색 소변	기분 변화	체중 감소
소변량 변화 (다뇨/핍뇨)	기억력 저하	발열
산전진찰	두통	피로
월경 이상 / 월경통	떨림/운동 이상	쉽게 멍이 듦
유방통 / 유방덩이	수면장애	가정폭력
질 분비물 / 질 출혈	어지러움	성 폭력
성장 / 발달 지연	의식장애	나쁜 소식 전하기
예방접종		물질 오남용
		음주/금연 상담
		자살

의대생들이 마치 실제 환자를 대하는 것처럼 진료를 해야 한다. 환자의 질환이 무엇인지 추측하고, 추후 어떤 검사를 진행할 것인지, 마지막으로 환자에게 이를 설명하고 교육하는 과정까지가 모두 시험의 일환이다.

임상술기시험

임상술기시험Objective Structured Clinical Examination, OSCE은 의사국가시험 실기시험에 속하는 두 번째 항목으로, 진찰 및 처치 기술 파트에 해당한다. 혈액 채혈과 같은 술기 능력 또한 의사가 되기 위한 필수 자질이다. 학생들은 준비된 모형에 채혈을 하거나 봉합을 하는 등 알맞은 절차대로 술기를 수행해 나가야 한

임상술기시험 상황

다. 임상수행능력평가와 마찬가지로 실제 환자들에게 하는 것과 동일한 절차를 거쳐야 하고, 특히 무균 과정에 대해 각별한 주의가 필요하다.

번호	구분	기본수기
1	응급 처치	기본 심폐소생법
2		심장전기충격요법
3		기관삽관법
4	상처관리	상처드레싱(상처소독)/화상드레싱
5		국소마취
6		봉합술
7	혈관확보 채혈	정맥주사/안전수혈술기
8		정맥혈 채혈/혈액배양을 위한 채혈
9		동맥혈 채혈

번호	구분	항목명
1	신체 진찰	안저 검사
2		이경 검사
3		항문 직장 진찰
4		혈압 측정
5		산부인과 진찰(자궁경부 펴바름 검사, 분만 진행 단계 진찰, 질 분비물 검사)
6	면담	설명동의서 받기
7		환자상태보고

임상술기시험 항목

🔍 본과에서 공부하는 임상과목

임상에서의 메이저와 마이너

본과에서 본격적으로 배우는 임상과목에 대해 알아보자. 임상은 크게 메이저와 마이너로 나뉜다. 메이저 과는 흔히 환자들의 생명과 밀접한 관련이 있는 과를 뜻한다. 보통 바이탈Vital, 생명 유지에 필수적인 요소을 다루는 과라고 표현하며 내과, 외과, 산부인과, 소아과, 정신과가 속해 있다. 의대생들은 흔히 "내외산소정" 이라고 부른다.

　마이너는 메이저 이외의 과를 통칭한다. 예를 들어 피부과, 영상의학과, 정신건강의학과, 재활의학과, 성형외과 등을 말한다. 본과 3~4학년들은 약 일 년 반 동안 병원에 있는 거의 모든 과를 체험하게 된다. 각 과별로 실습 기간은 모두 다르지만 짧게는 1주, 길게는 한 달마다 실습과가 바뀐다.

메이저 중
가장 많은 비중을 차지하는 내과

메이저 중 가장 많은 비중을 차지하는 과는 바로 내과다. 대부분의 사람들은 어릴 적 열이 나거나 감기가 걸렸을 때 집 주변에 내과 의원을 방문한 경험이 있을 것이다. 그러다 보니 내과가 무슨 질환을 다루지는 자세히 모르거나 다소 가벼운 과로 생각하기 일쑤다.

그러나 내과는 대학 병원에서 없어서는 안 될 필수 과 중 하나로, 많은 환자들의 치료와 관리를 담당한다. 내과는 신체의 정상적인 생리 작용에 문제가 생겨 발생하는 모든 질환들을 다루는데, 세부 분과로는 소화기, 순환기, 호흡기, 내분비, 신장, 감염, 류머티즘, 혈액, 종양 등이 있다.

내과에서 다루는 주요 질환으로는 각종 장기에서 발생하는 암이 가

내과 세부 분과	
소화기	식도/위/대장/간 암, 내과 위/대장 내시경, 간염, 위궤양 등
순환기	심근경색, 협심증, 부정맥, 심부전 등
호흡기	폐암, 각종 기관지 질환, 천식, COPD, 결핵 등
내분비	당뇨, 갑상샘 질환, 호르몬 질환 등
신장	신장암, 신부전, 전해질 질환
감염	폐렴, 코로나 감염, 피부/뇌 감염 등 각종 감염 질환
류머티즘	류머티즘 관절염, 강직성 척추염, 루푸스 등
혈액	백혈병, 골수 질환
종양	각종 암 환자, 항암 치료 등

장 대표적이며, 이외에도 각종 장기들에서 발생할 수 있는 거의 모든 질병들에 대해 약물 치료를 담당하고 있다. 본과 2학년의 경우 학교마다 차이가 날 수 있지만 각 수업은 주로 '블록'으로 이루어져 있으며, 한 달에 한 과목이나, 2주에 한 과목을 배운다. 예를 들면 2월에는 호흡기를 배우고, 3월에는 심장순환기를 배우고, 4월에는 소화기를 배우는 형식이다.

본과 3학년의 경우, 내과는 단일 과 중 가장 많은 실습 기간을 차지한다. 내과는 세부 분과가 많아 내과 실습만으로 한 학기를 쓰게 된다. 137페이지 표를 보면 내과의 세부 분과를 확인할 수 있다.

내과 실습의 주요 일정은 회진과 외래 참관 그리고 케이스 발표다. 정말 다양한 질환을 가진 환자들이 내원하기 때문에 환자들의 차트를 꼼꼼히 뜯어보고, 회진이나 외래 참관 때 환자들의 이야기를 귀기울여 듣는다면 그것만으로 의학도로서의 실력이 늘게 된다.

또 내과 실습의 꽃은 케이스 발표다. 환자의 증상과 신체검사를 꼼꼼히 조사하고, 이후 각종 검사들을 해석해가며 환자의 문제를 찾아내고, 마지막으로 환자의 질환을 진단하고 치료 계획을 세워 나가는 과정들을 통해 실력 있는 의사로 한 걸음 더 다가가는 느낌을 받을 수 있다.

교수님들도 실습생의 케이스 발표 자료를 세심하게 확인하시고 피드백을 주신다. 이 과정이 상당한 부담이 될 수도 있지만 이 기회를 잘 활용해야 훗날 도움이 된다.

그렇다면 내과의 각 세부 분과에 대해서 간략하게 알아보자.

호흡기(호흡기내과)

인체 내 호흡기는 숨을 들이마시고 내쉬는 일에 관여하는 기관지와 폐로 구성되어 있다. 본과 1학년 때 배우는 호흡기에선 주로 폐 질환에 대해 많

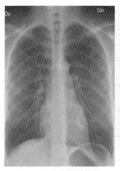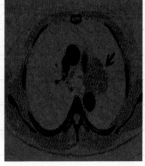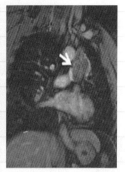

호흡기에선 엑스선과 CT 사진을 보면서 각 부위가 어떻게 다른지 모두 외워야 한다.
(사진 출처 서울대학교 암병원)

이 배운다. 이때 흉부 엑스선과 컴퓨터단층촬영Computed Tomography, CT 사진을 무지하게 많이 볼 것이니, 혹시나 학교에서 건강검진을 할 때 자신의 폐 엑스선 사진이 있다면 한번 유심히 보자. 한 달 동안 거의 하루도 빠지지 않고 볼 사진이다. 주로 호흡기에 관련된 질환기흉, COPD 등들을 배우다 보니, 자연스럽게 담배를 끊는 경우도 종종 있다.

심장순환기(심장내과)

심장순환기는 말 그대로 심장과 혈액순환에 관여하는 기관을 말한다. 눈치를 챘겠지만, 이 블록의 대부분은 심장을 배우는 데에 집중한다. 심장을 보는 방법은 심전도 EKG 나 조영제를 활용한 방법 등이 있다. 이때 주로 심장을 같이 해부하게 되는데, 실제로 심장을 눈앞에서 보면 정말로 큰 사이즈에 놀라게 된다.

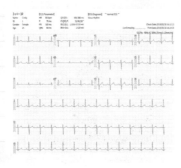

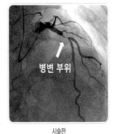

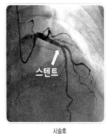

심전도와 관상동맥조영술 영상을 보며 심장에 대해 배운다.
(사진 출처 동아대학교 병원)

신장과 비뇨기(신장내과)

신장은 체내 수분을 조절하고 노폐물을 배설하는 기능 외에 적혈구를 생산하는 호르몬을 분비하고 혈당 및 골 대사에도 관여하고 있다. 비뇨 계통은 오줌의 분비와 배설을 통해 인체의 노폐물을 제거하는 기능을 하기 때문에 남녀 모두 비뇨기 질환을 앓는 사람들이 많다. 비뇨기는 아직 고등학생의 티를 갓 벗어난 20대 의대생들에게 다소 생소할 수 있겠지만 생각보다 비뇨기 질환을 앓는 환자가 많다는 것을 깨닫는 데 그리 긴 시간이 필요하지 않을 것이다. 특히 당뇨에 대해 집중적으로 배우게 되는데 이때 여러 호르몬에 대해서 배운다.

혈액종양내과

혈액종양내과를 줄여서 혈종이라고 하는데 우리 몸에 있는 혈액과 종양에 대해 배운다. 쉽게 암을 진료하는 과라고 볼 수 있다. 사실 의학이라는 것이 가장 흔한 질병과 가장 치명적인 질병을 위주로 배우는데 이 시기만큼은 정말로 원 없이 암에 대해 배울 수 있다. 그리고 개인적인 의견이겠지만 혈액종양내과 교수님들은 삶에 초월한 분위기를 풍긴다. 가장 죽음을 많이 접하신 분들이라서 그런 걸까.

내분비대사(내분비내과)

사실 내분비내과는 '호르몬' 에 대해서 배우는 과라고 해도 과언이 아닐 정도로 호르몬에 대해서 집중적으로 배운다. '분비' 라는 것이 단순히 소화액 등도 있지만 우리 몸에서 매우 중요한 기전 중의 하나가 호르몬이기 때문에 이 부분에 대해서 한 달 동안 집중적으로 배운다.

내과 외 메이저 과목
외과, 산부인과, 소아과

내과 외 메이저 과목에 대해서도 알아보자. 메이저 과목 중 가장 중요한, 즉 가장 많은 비율을 차지하는 내과를 무사히 마치게 되면, 남은 메이저 과목들과 만나야 한다. 바로 외과와 산부인과, 소아과다. 내과 못지않게 엄청난 공부량이 기다리고 있을 것이다.

외과

여러분이 가장 기대하고 있는 과목이다. 의학 드라마에서 메스를 들고 있는 사람은 대체로 외과의사다. 해부학적인 지식을 토대로 문제가 있는 장기들을 찾아내 수술을 진행하는 모습을 보면 누구나 한번쯤 수술실에서 자신 있게 수술하고 있는 자신의 모습을 상상해본 적이 있을 것이다.

그러나 단순히 '외과'라고 하면 무슨 수술을 하는지 감이 오지 않을 수도 있다. 우리가 흔히 말하는 외과의사들은 사실 '일반 외과'에 속한다. 일반 외과에도 여러 가지 세부 분과가 존재하는데, 대표적으로 위장관, 대장·항문, 간담췌, 유방, 갑상샘, 혈관/이식, 소아, 중환자 외과 등이 있다. 외과에서는 주로 환자들의 생명을 다루는 암 수술부터 미세한 손길이 필요한 이식 수술까지 다양한 수술을 담당하고 있다.

외과 수업에서는 상대적으로 잘 와 닿지 않는 내과에 비해서 직접적이고 직관적인 '수술'을 자주 접하게 된다. 외과 특성상 환자에게 직접적인 치료수술를 진행하기 때문에 드라마틱한 효과를 기대할 수 있다. 그래서 많은 의대생들이 외과 실습에서 '아! 이런 환자에게 이런 수술을 해주면 되는구나'라는 카타르시스를 느끼곤 한다.

외과 수업을 듣다 보면 수업 시간에 조는 학생들의 숫자 또한 내과에 비해 확연히 줄어든다. 개인적인 의견이지만 그만큼 수업 방식이 더 능동적이라서 그런 것은 아닐까 유추해본다. 특히 내과 수업에서는 경험할 수 없는 여러 수술 영상들을 보면서 공부하기 때문에 더 그렇다. 직접 개복해서 수술하는 장면, 복강경laparo을 통해 수술하는 장면, 내시경을 통해 수술시술하는 장면들을 보다 보면, 마치 미드 「그레이 아나토미」에서 봤던 주인공 중 한 명이 된 것 같은 기분이 들기도 한다.

본과 3학년 때의 외과 실습은 수술에 관심이 많은 의대생들에게 정말 재미있는 시간이 될 수 있다. 주로 수술방에서 수술 참관을 하게 되고, 종종 수술 가운을 입고 교수님 가까이에서 수술 과정을 참관할 수 있는 기회가 온다. 교과서에 나온 그림 자료로만 봐왔던 근육, 혈관, 내부 장기들을 실제로 확인해볼 수 있고, 주요 수술의 경우 수술 절차 등도 배울 수 있는 시간이다. 수술방 실습을 돌다 보면 의료진들이 무균 상태를 유지하기 위해서 얼마나 많은 노력을 기울이고 있는지 느낄 수 있는데, 실습 학생들이 아무 생각 없이 수술방에서 돌아다니다가는 한소리를 들을 수 있으니 조심해야 한다.

많은 의대생이 외과에서 카타르시스를 느끼지만 한편으로 자신의 성향을 재확인할 수 있는 계기가 될 수도 있다. '나는 수술하는 과와 맞지 않는 것 같아'라는 것을 깨닫게 되는 것이다. 외과는 의사가 환자의 인체에 직접적으로 영향을 미친다는 점에서 매우 드라마틱하지만 그에 대한 부담감도 커진다. 그래서 이때 의대생들은 자신의 진로를 '수술하는 과'와 '수술하지 않는 과'로 나누게 된다. 이는 PK를 돌면서, 또는 인턴을 진행하면서 더 공고해진다.

산부인과

산부인과는 대개 '산모들이 아이를 출산하기 위해 내원하는 곳'이라고 생각한다. 하지만 엄밀히 말하면 이는 '산과'의 역할이다. 산부인과는 산과와 부인과가 결합하여 만들어진 이름이다. 산과는 임신과 출산 전반을 관리하고, 부인과는 이와 별개로 여성들에게 발생할 수 있는 여러 가지 질환들을 다루는 과다. 부인과에서 다루는 질환들로는 대표적으로 자궁경부나 내막에 발생하는 암 질환, 자궁 근종이나 자궁내막증식증 등 기타 여성 생식기 질환들이 있다.

산부인과 또한 학생들이 평소 쉽게 접할 수 없는 생소한 과로, 실습을 돌면서 새롭게 경험하는 내용들이 정말 많다. 많은 의대생들이 산과 실습을 돌면서 가장 강렬하게 기억에 남는 장면을 꼽으라고 한다면 대부분 아이가 태어나는 순간을 댈 것이다. 제왕절개, 자연분만 할 것 없이 세상에 첫 발을 디딘 아기의 울음 소리를 듣는 순간은 정말이지 말로 표현할 수 없는 벅참을 느낄 수 있다. 부인과 실습에서는 주로 수술방에서 부인과 암 수술을 참관하게 되며 로봇 수술, 복강경 수술 등 다양한 방식의 수술 과정들을 관찰하고 경험할 수 있다.

산부인과의 경우 생명의 탄생을 다루는 과라서 다소 군기가 센 편이다. 특히 부인과의 경우 민감한 이슈들이 발생할 수 있기 때문에 이 부분에 대해 조심하는 경우가 많다.

소아청소년과

소아청소년과는 신생아기부터 청소년기 환자를 대상으로 진료 및 연구를 행하는 과다. 2007년 의료법 개정안이 통과되기 전에는 소아과였다. 소아과 수업을 들을 당시 귀에 못이 박히도록 듣는 문장이 있다.

"소아는 작은 어른이 아니다."

소아와 청소년은 아직 성장기라서 성인과 같은 병명의 질환이라고 해도 그 증세나 경과, 예후가 다르다. 소아와 성인은 같은 질환이라도 그 접근 방법이 다르기 때문에 항상 이를 염두에 두고 진료에 임해야 한다.

실습을 돌 때도 성인과 소아의 차이점을 위주로 공부하게 된다. 특히 소아는 통증이나 아픔에 대해 제대로 표현할 수 없고, 각종 검사 수치들이 성인과 기준이 다르기 때문에 완전히 새로운 생명체를 탐구한다는 느낌을 받을 수 있다.

공부해야 할 양이 정말 많지만, 귀여운 아기들을 보며 실습할 수 있기 때문에 무언가 밝은 기운으로 실습 일정을 완수할 수 있다.

그렇다면 대학 병원의 소아청소년과는 어떤 환자들이 방문하는 것일까? 기본적으로 단순한 질병(감기, 열, 예방접종 등)일 경우, 동네 근처의 소아청소년과를 내방해 진료를 받는 것이 가장 우선이다. 하지만 증상이 심하면 의원의 의사들이 대학 병원을 추천한다.

그래서 대학 병원의 소아청소년과에선 주로 미숙아, 열이 심하거나 경련하는 아이 등 증상이 심한 환아들이 진료를 받는다. 미숙아는 적정 임신 기간인 37주를 채우지 못한 채 태어난 아기들로, 미숙아라는 단어 자체에서 풍기듯이 많은 질병을 동반할 위험성이 크다. 따라서 대학 병원에서는 산부인과에서 바로 소아과로 넘어오는 미숙아 아이들을 정말 많이 볼 수 있다. 이 밖에도 선천적으로 기형이 있는 아기들에 대한 관리가 주로 이루어진다.

대체적으로 소아청소년과 교수님들은 유아나 어린이 등을 마주하기 때문인지 따뜻한 인상을 풍긴다. 하지만 수술실에선 전혀 다르다. 당연히 한 치의 실수도 허락하지 않은 수술실에선 매우 냉정하고 이성적이다. 수업 때의 교수님 성향이 따뜻하다고 해서 수술실까지 그럴 것이라고 생각하다간 큰코다칠 수 있다.

정신건강의학과

정신건강의학과는 크게 외래와 병동으로 나뉜다. 비교적 증상이 심하지 않은 환자들은 외래에서 상담을 진행하거나 약을 처방받아서 통원 치료를 받는다. 의료진의 판단하에 입원이 필요한 환자들은 정신건강의학과 병동에 입원하여 짧게는 1~2주, 길게는 1~2개월까지 병동 내에서 생활하게 된다. 정신건강의학과에서 주로 관리하는 질환으로는 우울장애, 조현병, 불안장애, 공황장애, 성격장애 등이 있다.

정신건강의학과 병동에는 개방 병동과 폐쇄 병동이 있는데, 실습생들은 두 병동을 넘나들며 환자들과 교류를 한다. 주로 환자들과 면담을 하거나 이야기를 나누며 시간을 보낸다. 특히 실습생들은 실습 기간 동안 환자들의 병동 생활에 자연스럽게 녹아들어 함께 운동하고 책 읽고, 게임을 하는 경우도 종종 있다. 환자들은 자신의 이야기를 잘 들어주는 실습생들을 매우 반기는 편이기 때문에 환자들의 이야기를 들으면서 특징적인 증상이나 징후들을 캐치하여 분석하는 연습을 할 수 있다.

정신과 병동에는 장기 입원을 하는 환자들이 많고, 자유로운 외출에 제약이 있기 때문에 운동 기구, 책, TV 등 환자들이 평상시에 시간을 보낼 수 있는 물건들이 많이 존재한다. 또한, 요일별로 프로그램을 만들어서 레크리에이션을 진행하는 등 자유로운 분위기에서 면담과 치료가 진행된다.

정신건강의학과에 대해 잘 모르는 사람들은 처음 '폐쇄 병동' 혹은 '정신과 병동'이라는 말을 들었을 때 굉장히 어색하게 느끼거나, 약간은 무서운 느낌을 받는 경우도 있다. 하지만 이는 정신건강의학과에 대해 정말로 크게 착각하고 있는 부분 중 하나다. 정신건강의학과 병동도 일반 병동들과 전혀 다를 바 없다는 점을 강조하고 싶다. 그저 그들은 정신적으로 고통을 받는 사람일 뿐이다.

응급의학과

응급의학과는 응급실에 상주하며 온갖 환자들을 진찰하고 치료하는 과다. 의학 드라마든 일반 드라마든 응급실 현장은 매우 다이나믹하게 연출된다. 실제로 그럴까? 그렇다. 실제 응급실은 24시간 진료와 치료가 멈추지

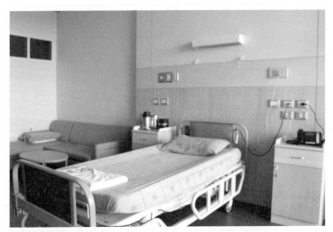

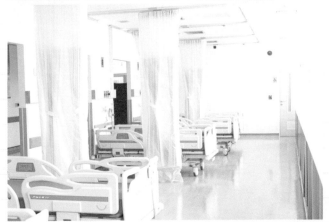

일반 병동과 정신과 병동은 그다지 차이가 나지 않는다.
실습을 돌고 나면 대부분의 실습생들은 이렇게 말한다.
"생각했던 것보다 폐쇄적이고 침울한 분위기가 느껴지는 곳이 아니다."

않는 곳이기 때문에 드라마보다 더 극적일 수 있다.

응급의학과 의사들은 짧은 시간 안에 환자의 상태를 파악하고 응급처치까지 완료해야 하는 임무가 주어진다. 이를 위해서 응급의학과 의사는 내과적 응급, 외과적 응급, 응급처치법 등 넓은 범위의 의학 지식을 갖춰야 한다. 응급의학과를 찾는 환자들은 단순 찰과상이나 복통부터 시작하여 심장마비, 뇌졸중, 외상 환자 등이 있다.

응급 현장의 분위기를 몸소 체험하기 위해 실습생들은 실제 응급실 근무와 비슷한 형태로 실습 일정이 편성된다. 즉, 밤을 새며 실습을 하게 되는 경우도 있다는 뜻이다. 응급실 당직 실습을 하게 되면 밤 8시에 출근하여 다음 날 아침 8시까지 실습을 하게 된다.

응급실 실습을 돌면서 심장마비 환자의 심폐 소생술 과정에 참여하기도 하고, 코위관과 소변 줄 삽입, 동맥혈 채혈, 직장수지검사 등 각종 술기들을 가까이에서 관찰할 수 있다.

응급실에서 얻는 또 하나의 기쁨은 응급 환자들이 치료를 받으면서 급격히 좋아지는 모습들을 지켜볼 수 있다는 것이다. 그 과정을 통해 의사 예비생으로서 뿌듯함을 느낄 수도 있다.

마이너 과의 실습

보통 많은 학교에서 메이저 과 실습을 돈 이후에 마이너 과 실습을 돌게 된다. 본과 1~2학년 때 내과와 소아과 등의 과목들을 집중적으로 배우는데 마이너 과에 속하는 안과나 피부과 등은 강의 시간이 짧아 깊이 학습하지를 못한다. 그렇기 때문에 마이너 과 실습은 진로 범위를 넓히는 데 중요하다. 마이너 과 실습을 처음 접하게 되면 낯설지만 새로운 느낌을 받는다.

마이너는 가정의학과, 영상의학과, 정형외과, 흉부외과, 신경외과, 비뇨기과, 이비인후과, 피부과, 성형외과, 안과, 재활의학과, 진단검사의학과, 마취통증의학과, 방사선종양학과, 병리과, 핵의학과, 직업환경의학과 등이 있다.

가정의학과

가정의학과는 우리나라의 1차 의료를 담당하는 과로 환자들이 처음 진료를 시작하게 되는 곳이다. 정말 다양한 증상을 가진 각 환자들이 가정의학과를 거쳐 1차 진료를 받고, 의사에 의해 추가 검사와 진료가 필요하다고 판단되면 병원 내의 전문 분과로 이동하여 세부 진료를 받게 된다. 실습생 입장에서는 병원에 처음 오는 환자들이 어떤 증상들을 호소하는지 배울 수 있는 가장 좋은 시간이다. 또한, 해당 실습 병원에 건강검진센터가 있다면, 그곳에서 가정의학과 의사들의 역할을 참관할 기회가 있을 수 있다.

마취통증의학과

마취통증의학과에서는 마취와 통증 두 분야로 나뉘어 실습한다. 마취과는 주로 수술실에서 환자의 상태를 담당하는 과이며, 마취 시작부터 수술 후 회복 관리까지 환자의 상태를 책임지는 중대한 임무를 맡고 있다. 통증의학과의 경우 다양한 원인의 통증으로 인해 삶의 질이 떨어진 환자들의 통증 완화를 담당한다. 임상 실습생들은 주로 수술실 마취 과정, 수술 후 회복 과정, 통증 외래 참관 등의 실습을 진행한다.

방사선종양학과

본과 1~2학년이 되어도 방사선종양학과에서 무슨 일을 하는지 모르는 경우가 있을 만큼 의대생 모두에게 생소한 과다. 방사선종양학과에서는 주로 방사선을 이용한 치료를 담당하며, 암의 3대 치료수술, 항암화학요법, 방사선치료 중 하나인 방사선 치료가 이루어지는 곳이다. 주로 암 환자들의 방사선 치료 과정을 참관할 수 있으며, 방사선 치료 계획, 치료 부위 설정부터 실제 치료까지의 과정들이 어떻게 이루어지는지 실습하게 된다.

병리과

다큐멘터리 영화에서 현미경을 바라보는 의사의 모습을 본 적이 있다면, 그는 병리과 의사일 가능성이 매우 높다. 물론 요즘은 많은 요소들이 디지털화되어 있다. 이전에는 현미경을 들여다보는 의사로서의 인식이 엄청 강했으나 요즘은 굳이 현미경을 보지 않아도 슬라이드들이 디지털화 되어 모니터나 컴퓨터로 조직을 확대나 축소하면서 관찰할 수 있다. 병리과는 병의 원인이나 발생, 경과 등의 현상과 그 이론에 따라 병을 치료하는 분야다. 병리학은 생리학과 대치되는 학문으로 기초의학의 성격을 지니고 있다고 할 수 있다. 이전에는 해부병리과와 진단검사의학과임상병리과가 하나였으나 1980년에 구분됐다.

병리과는 조직 슬라이드를 분석하고 세포 수준, 더 나아가 분자 수준에서 질병을 진단하고, 이를 통해 예후를 판정하는 데 필수적인 과다. 병리과 실습에서는 기존의 임상적인 접근에서 벗어나 직접 현미경을 보고 조직을 분석해볼 수 있다. 직접 조직을 잘라서 슬라이드를 만들고 염색까지 진행해보는 과정도 실습 일정에 포함될 수 있다.

비뇨의학과

비뇨의학과는 소변의 생성과 저장 및 배출과 관련된 신장콩팥, 요관, 방광, 요도 등 요로계 장기들과 생식기 등을 연구하고 치료하는 과다. 이 과를 실습하면 외래와 수술 환자 모두 다양하게 접할 수 있다. 외래 참관을 통해 요실금과 전립샘비대증 등 비뇨기 계통의 내과적인 치료를 받는 환자들을 볼 수 있고, 수술실에서는 신장암, 전립샘암, 방광암 등 각종 암 수술을 참관하게 된다. 특히, 비뇨의학과는 로봇 수술을 많이 하는 과 중 하나로 수술실에 수술 로봇이 있다면 로봇 수술을 참관할 수 있다.

성형외과

성형외과는 선천적 혹은 후천적 기형이나 변형을 원래의 모양대로 고치는 것에서 비롯된 분야다. 보통 선천적 안면 기형, 화상, 교통사고와 같은 사고로 인한 얼굴 손상 등을 고치는 임상 진료과지만 한국의 개인 성형외과는 오로지 미적으로 치우친 경향이 있다. 대학 병원 성형외과는 상처 봉합이나 화상 치료부터 각종 재건수술을 한다면 개인 병원은 미용이 목적인 경우가 많다.

성형외과 실습 또한 주로 수술 참관을 통해 이루어지며 얼굴 뼈 골절 수술, 유방 재건, 현미경을 이용한 미세 수술 등 다양한 수술들을 참관할 수 있다. 또한, 다양한 봉합 술기들을 직접 배워보고 연습할 수 있는 기회도 주어질 수 있다.

신경과

신경과는 신경계 질병을 다루는 분야로, 뇌와 신경계의 기질적 이상으로 발생하는 질환의 진단과 내과적 치료를 담당한다. 대표적인 질환은 뇌졸

중, 뇌전증, 치매, 파킨스병 등 기타 신경병증이 있다.

　　신경과에서 회진을 참관하다 보면 의식이 없는 환자, 말이 어눌한 환자, 운동마비가 온 환자들을 쉽게 접할 수 있고, 교수님들도 여러 가지 신경학적 진찰들을 하는 모습 또한 자주 볼 수 있다. 각종 근력 검사, 감각 검사, 반사 검사_{동공 반사, 무릎 반사} 등은 뇌의 특정 부위가 손상되었을 때 이를 확인하기 위한 검사들이다. 뇌졸중이나 운동마비, 의식 장애가 온 환자들을 대상으로 하는 검사들이다. 신경과를 진료하기 위해서는 우리 몸의 뇌신경뿐만 아니라 주요 신경들의 주행과 분포를 암기해야 하기 때문에 의대생들에게 다소 생소하고 어려운 과 중 하나다.

　　많은 사람들이 신경과와 정신과, 신경외과를 헷갈리곤 하는데, 과거 신경과가 없었던 시절 내과와 정신건강의학과, 신경외과 등 다양한 과에서 이 분야를 담당했기 때문이다. 초기 신경과의사들은 대체로 내과 또는 정신과 전문의 자격증을 같이 갖고 있는 경우가 많았고, 개원할 당시 신경정신과라는 간판을 달기도 했다. 하지만 요즘에는 각 과에서 다루는 질환이나 치료법들이 세분화되고 있기 때문에 이를 명확히 구분해서 아는 것이 중요하다.

신경외과

신경외과는 뇌와 척수 등 신경계에 생기는 질환에 대해 수술적 치료를 하는 분야다. 실제 환자의 뇌를 수술하는 모습을 볼 수 있는 기회는 실습 때가 마지막일 확률이 높다.

　　신경외과에서는 뇌뿐만 아니라 척추 질환에 대한 수술도 담당하고 있으며, 실습생들은 분야별로 수술 참관을 하게 된다. 신경외과의 수술은 기본이 5시간이 넘고, 혈관이나 신경은 매우 작은 조직으로 극도의 집중력을 요구한다. 학생 입장에서는 직접 수술에 참여하지 않더라도 머리뼈를 가르고, 뇌를 수술하는 장면을 처음 접하게 되면 신선한 충격과 함께 막대한 부담감이 올라올 수 있다.

안과

안과는 눈의 질병을 치료하는 과로, 일반 사람들에게 매우 친숙하지만 정작 의대생에겐 생소한 분야라 할 수 있다. 다른 마이너 과와 같이 공부할 기회가 많지 않기 때문이다. 의대들은 실습하면서 새롭게 접하는 용어나 검사 장비들도 많다. 실습을 통해 각막과 망막, 녹내장, 백내장 그리고 안성형 분야까지 다양한 종류의 수술들을 모두 참관할 수 있는데, 현미경과 레이저 등 안과 전문 장비들을 이용한 수술들을 보면서 색다른 경험을 할 수 있다. 안과는 분류상 외과에 속한다.

영상의학과

엑스선, 초음파, 컴퓨터단층촬영CT, 자기공명영상법Magnetic Resonance Imaging, MRI 검사는 주변에 모르는 사람이 없을 정도로 익숙한 병원 필수 검사들 중 하나다. 그러나 이러한 검사들에 대한 결과 판독은 누가 하고 있는지 고민해본 적이 많지 않을 것이다.

영상의학과 의사들의 첫 번째 임무가 바로 영상검사 결과들에 대한 정확한 판독이다. 물론 의사라면 기본적으로 영상검사에 대한 해석 능력을 어느 정도 갖추고 있어야 하지만, 영상의학과 의사들은 영상검사 결과만으로도 질환을 유추하고, 치료를 결정할 수 있을 정도로 예리한 눈과 판독 실력을 갖춰야 한다. 학생들은 영상의학과 실습을 돌면서 여러 가지 영상 결과를 판독하는 법을 배우며 의사로서의 기본 소양을 기르게 된다.

이비인후과

이비인후과는 이과, 비과, 인후과두경부외과 분야가 모두 합쳐진 과다. 이과에서는 귀와 관련된 질환인 난청, 이명, 중이염이나 어지럼증 환자 등을 담당하고, 비과에서는 비염, 부비동염축농증, 비중격 질환을 가진 환자 등을 담당하고, 인후과두경부외과에서는 구강이나 목 부위의 침샘, 갑상샘 혹은 두경부 종양 등의 질환을 담당한다. 이비인후과의 외래에서는 기본적으로 이경, 비경 등 검사 장비를 활용한 진찰이 이루어지기 때문에 이를 관찰하는 재미가 있다. 실습을 돌게 되면 각 분야별로 외래와 수술, 각종 검사실 참관을 진행하게 된다.

정형외과

정형외과에서는 팔, 다리 및 척추를 구성하는 해부학적 구조에 대해 진료하는 외과다. 실습을 돌며 신체 각종 부위의 골절 수술, 관절 수술, 디스크 수술을 참관하게 되는데, 정형외과의 수술은 다른 과에 비해 특징적인 점들이 많다. 관절과 뼈를 자르고 고정하기 위한 드릴, 망치, 스크류 등의 기구들을 사용하는 모습들을 볼 수 있고, 또 수술 중간에 엑스선을 이용하여 뼈의 위치를 파악하는 경우가 많기 때문에 방사선을 차폐하기 위해 납복을 입어야 하는 경우도 있다. 흔히 정형외과는 의사계의 목수에 해당한다.

재활의학과

재활의학과는 글자 그대로 환자들의 재활을 담당하는 과다. 다른 과에서 치료 및 수술을 받은 환자들이 신체의 기능을 회복할 수 있도록 적절한 재활치료를 제공하며, 환자 상태 전반의 기능에 대해 다룬다는 점에서 정말 영역이 넓은 과다. 대표적으로 뇌신경 및 척수, 근골격계, 심폐, 소아 재활 분야가 있다. 재활의학과의 특징은 전문 치료실이 존재하여 각 영역의 치료사들의 보조하에 재활이 이루어진다는 점이다. 재활의학과 실습은 환자들이 치료 후에 어떻게 재활치료를 받는지 구체적으로 관찰할 수 있는 소중한 기회다.

진단검사의학과

이름에서 알 수 있듯이 진단검사의학과에서는 각종 질환 진단에 필요한 혈액검사, 미생물검사, 화학검사 등을 처리하고 판정하기 위해 존재한다. 실습을 돌면서 각종 검사 장비들을 구경하고, 병원 내의 수많은 검사 검체들이 처리되는 전체 시스템을 배울 수 있다.

실습 내용은 학교마다 상이하지만, 간혹 실습 중 직접 미생물을 배양해 보기도 하고, 동기들끼리 채혈 후 직접 혈액검사를 분석해보는 시간을 가질 수 있다.

직업환경의학과

직업환경의학과는 의대생조차도 임상 실습 시간을 제외하고는 접하기 어려운 과 중 하나다. 직업환경의학과는 각종 직업성 또는 환경성 질환을 예방하고, 근로자들의 전반적인 건강을 관리하기 위한 과다. 직업환경의학과 실습은 병원 내에서만 이루어지지 않고 각종 사업장 방문, 근로자 센터 방문, 직업 또는 환경 연관 질환 사례 조사 등 다양한 활동들을 통해 우리 주변의 직업 또는 환경과 관련된 질환들에 대해 접하게 된다. 1955년 산업의학과로 시작했다가 2011년 직업환경의학과로 변경됐다.

피부과

피부과는 피부에 관한 질병을 연구하고 치료하는 분야다. 대학 병원 피부과에서 다루는 주요 피부 질환으로는 피부암, 건선, 백선, 아토피, 습진 등이 있다. 피부과 특성상 실습생들은 주로 외래와 피부 처치실 참관을 위주로 실습을 하게 된다. 외래에서 피부 조직검사나 현미경검사 등이 함께 이루어지기 때문에 외래와 처치실 참관을 동시에 진행하게 된다.

흉부외과

흉부외과는 심장, 폐, 대동맥, 기도, 식도, 흉샘, 흉벽 외상, 말초혈관 등의 수술을 전문으로 하는 분야다. 의학 드라마에서 빠지지 않고 등장하는 과로, 심장과 폐의 수술을 담당한다.

흉부외과 또한 많은 의대생들이 한번쯤 경험해보고 싶어하는 과로 주로 수술 참관 일정을 돌게 된다. 심장 수술의 경우 환자의 심장을 멈춰 놓고 빠르게 수술을 진행하게 되는데, 절대로 한 치의 실수도 허용되어선 안 되기 때문에 수술시 매우 엄숙하고 긴장도가 높다. 하지만 수술이 잘되면 성취감은 매우 높다고 한다. 다만 한국에서는 흉부외과의 지원율이 매우 낮은 편이다. 업무가 고되고 삶의 질이 보장되지 않는 경우도 있기 때문에 절대로 사명감 없이는 해낼 수 없는 자리다.

핵의학과

핵의학과도 영상의학과와 마찬가지로 각종 영상검사들이 이루어지는 곳이지만 또 다른 매력이 존재한다. 방사선 동위원소라는 물질을 이용해 진단뿐만 아니라 치료까지 담당하고 있다는 점이 특별하다.

많은 사람들이 방사성 동위원소를 체내에 투여하는 것 때문에 거부감을 가질 수 있으나 특정 병소에만 침착하고, 배출도 빠르기 때문에 컴퓨터 단층촬영CT보다 피폭량이 낮다. 핵의학과에서 자주 진행되는 검사들은 양전자방사단층촬영Positron Emission Tomograph, PET, 단광자방사선단층촬영 Single Photon Emission Computed Tomography, SPECT, 스캔Scan 등으로, 우리에게 그다지 친숙한 용어는 아닐 것이다. 학생들은 핵의학과 실습을 돌면서 다양한 핵의학적 영상검사를 접하고 실제로 판독하는 연습도 해볼 수 있는 경험을 쌓을 수 있다.

5교시

국시,
이것만 넘으면
진짜 의사다

점점 복잡해지고 방대해지는 국시

진짜 의사가 되기 위한 최종 관문
'국시'

6년간의 수많은 시험을 성공적으로 뚫고 의사국가시험을 치르는 시간이 됐다. 국시는 여러분이 의대를 재학하면서 마지막으로 겪게 될 최종 관문이다. 이것만 통과한다면 여러분은 대한민국에서 '의사'라는 라이센스를 가지고 활동할 수 있다.

의사국가시험은 여러분이 6년 동안 배웠던 모든 내용을 한 번에 테스트하는 시험이다. 난이도는 여러분이 생각했던 것보다 어렵지 않고 합격률도 높은 편이다. 161페이지 표를 보면 합격률이 95%를 넘는다.

본과 초반에는 기초의학, 이후에 임상의학 그리고 마지막으로 PK 실습을 도는 것은 모두 의사국가시험을 위한 기본기다. 여러분이 6년 동안 갈고 닦은 지식과 술기를 한 번에 증명할 수 있는 시험이 국시다. 현재까지는 국시에서 임상과목만을 다루고 있지만 추후에 기초의학까지 포함하는 것

최근 의사국가시험 실기시험 합격률 추이

회차	응시자 수	합격자 수	합격률(%)
2020년(제84회)	3,189	3,093	97.0
2019년(제83회)	3.303	3,158	95.6
2018년(제82회)	3,280	3,142	95.8
2017년(제81회)	3,256	3,138	96.4
2016년(제80회)	3,257	3,141	96.4
2015년(제79회)	3,244	3,155	97.2

응시자 특성별 합격률 현황

회차/응시자 특성	국내대학 졸업예정자			국내대학 졸업자			외국대학 출신 응시자			북한이탈주민 응시자		
	응시지수	합격지수	합격률(%)	응시지수	합격지수	합격률(%)	응시지수	합격지수	합격률(%)	응시지수	합격지수	합격률(%)
84회	3,026	2,959	97.8	128	106	82.8	27	24	88.9	8	4	50.0
83회	3,137	3,038	96.8	135	100	74.1	24	19	79.2	7	1	14.3

을 추진한다고 한다. 2022년에는 확정된 바가 없고 현재 의료계에서 논의 중이다.

먼저 의사국가시험은 크게 실기와 필기로 이루어져 있다. 실기시험은 9월에서 11월 사이 랜덤으로 날짜를 지정받아 국가고시원에서 치른다. 필기시험은 실기시험이 끝난 후 1월에 전국적으로 동시에 치른다.

실기시험과 필기시험 중 어느 것이 탈락률이 더 높을까? 필기시험이 매우 어려울 것 같지만 사실 실기시험에서 탈락하는 경우가 많다. 이전에는 실기시험이 존재하지 않았다. 하지만 의료 수준이 점점 발전하고 선진시험 제도를 도입하면서 시험이 매년 복잡해지고 시험 범위도 넓어지고 있다. 그래서 "의대는 될 수 있으면 빨리 졸업해야 된다"라는 말이 생긴 것이다.

실제로 2022년 기준으로 살펴봤을 때 임상술기시험OSCE과 임상수행 능력평가CPX로 이루어져 있던 실기시험은 '임상 표현' 문항으로 합쳐져서 2가지를 동시에 하도록 바뀌었고, 필기시험에서는 심장박동을 직접 듣고 맞추는 등의 '멀티미디어' 항목이 새로 추가되었다. PK 실습 때 담당 교수님이 말씀하시길 현재 의사국가시험이 점점 복잡해지고 해리슨내과계의 교 과서의 양이 이전보다 2배나 많아졌다고 한다. 의사국가시험은 점점 그 양이 방대해지고 있지만 의과 과정을 성공적으로 마친 의대생이라면 충분히 통과할 수 있는 시험이다.

국시 준비생의 하루

의사국가시험을 앞둔 본과 4학년생들은 시간적으로 여유로운 측면도 있지만 사실 두려움이 크다. 2학기가 되면서 수업량이나 성적 부담은 많이 줄었지만 당장 국시가 눈앞에 있기 때문에 마냥 놀 수는 없다.

특히 국시를 준비하는 본과 4학년생들은 졸업 후에 어떤 길을 목표로 하느냐에 따라 하루를 살아가는 방식이 다양하게 나뉜다. 예를 들어 피부과나 재활의학과 같은 소위 '인기과●'를 원한다면 국시에서 성적이 높아야 한다. 이럴 경우 3~4월부터 국시를 준비하기 위한 공부를 해야 한다. 또

●   지방 의대 기준으로 인기과와 빅5 병원을 동시에 잡기는 매우 힘든데 만약 자신이 지방 의대 1등급으로 인기과로 가고자 한다면 자교에 남아 경쟁을 하는 것이 일반적이다. 빅5 병원에도 해당 의대 출신의 1등급이 존재하기 때문이다. 물론 상황에 따라 여건이 달라질 수 있다.

소위 '빅5 병원서울대,세브란스,서울아산,서울삼성,서울성모'을 원하는 학생들도 일찍이 시험공부를 시작해야 한다. 다만 이런 것에 상관치 않고 어떤 상황이든 의사로서 살아가고자 한다면 준비는 열심히 하되 여유를 가져도 된다.

대부분 의대생의 경우 1학기에는 실습에 열중하기 때문에 국시 공부를 따로 하지는 못한다. 학교에서 국시 대비 강의만 성실하게 참여하는 편이다. 그러다가 6월이 되면 본격적으로 국시를 준비한다. 학교마다 실습이 끝나는 시기가 다르기 때문에 국시 준비 시기는 편차가 매우 큰 편이다. 간혹 국시 직전 한두 달만 공부하는 의대생도 있지만 준비는 철저한 것이 훗날 도움이 된다.

본과 4학년 1학기는 실습으로 바쁘기도 하지만 이전의 공부량에 비하면 상대적으로 여유가 있는 편이다. 6년 동안 공부량에 치어 살았다면 이때 조금 삶의 질을 높이는 것도 자신에게 주는 잠깐의 보상이다. 어느 의대생은 운동할 시간이 늘어나 '몸짱 만들기'에 도전해 성공했다는 후기가 있다.

하지만 2학기가 되면 본격적으로 국시를 준비해야 하기 때문에 이전의 팍팍한 삶을 잠시 다시 살아야 한다. 특히 의사국가시험은 혼자만의 싸움이 아니라 동기들과 함께 준비해야 하는 시험이다.

원체 의대 공부라는 것이 동기들과 같이해야 살아남는 구조이지만 국시는 실기시험으로 인해 더욱 그렇다. 실기를 연습하며 피드백해줄 사람이 필요하기 때문이다. 서로서로 모의환자가 되어야 하는 것이다. 그래서 의대생들은 사회에 나오면 라이벌이 되기도 하지만 사법 동기처럼 끈끈한 무언가로 이어져 있는 경우가 많다.

보통은 2~4명이 스터디 모임을 만들어 실기시험을 준비한다. 학교에서 실습이 끝나면 스터디원들이 학교 스터디룸에 모여 실기 교재를 펼치고 연습한다. 증례집을 보며 한 명이 의사, 한 명이 모의환자를 하며 진료를 해보는데 나머지 사람들은 피드백을 해주는 역할이다.

피드백을 해줄 때 가장 중요한 것은 진단을 맞추는 것보다 환자와 의사와의 관계, 즉 'PPI'이다. 의사국가시험은 특이하게 모의환자가 직접 학생들을 평가하는 제도가 있다. 점수 배점 또한 크고 항목들이 '나의 아픔을 잘 공감해주고 이해해주었는가', '진찰시 불편 없이 배려해주었는가' 등의 친절과 배려와 연관이 되어 있다.

친절과 배려가 몸에 밴 사람이라면 상관없지만 마음은 그렇지 않은데 말과 행동이 다소 그것과 거리가 있다면 스터디원에게 피드백을 받으며 자신의 말과 행동을 수정해야 한다.

예를 들자면 스터디원의 피드백은 이렇다. "멘트 친절하고 좋은데 말투가 너무 딱딱해. 조금 웃으면서 해봐", "환자가 충격을 받을 수 있으니 암이라고 말하기 전에 '조금 조심스럽지만'이라든가 '추가적인 검사가 더 필요하지만' 등의 사전 멘트를 해주는 게 좋을 것 같아" 등의 세세한 멘트 피드백을 서로 주고받는다.

시험 현장에서 모의환자들은 의대생들이 연습할 때보다 더 리얼하게 연기한다. 그분들은 모두 연기를 전공으로 하는 전문 배우들이기 때문에 실제 환자처럼 행동하기 때문이다. 만약 국시 준비생이 암이 의심된다는 이야기를 아무렇지 않게 해버리면 실제로 충격을 받은 듯 화를 낼 수도 있고, 우울하다며 다음 질문에 대답을 하지 않을 수도 있다.

실제 '나쁜 소식 전하기'의 경우 인간의 나쁜 소식 반응 5단계부정, 분노, 타협, 우울, 수용를 모두 보여줄 수 있다. 그것도 매우 사실적으로 표현할 수 있다. 이런 상황을 대비하지 못한 국시 준비생은 매우 당혹스러울 수 있는데 그래서 모의시험을 해보는 것이 좋다. 특히 실기 연습은 최대한 사실적으로

마. 환자의사관계(PPI) 항목 변경

평 가 내 용	가중치			
내 이야기를 효율적으로 물어보고 잘 들어주었다.	아주 우수	우수	보통	미흡
개방형/폐쇄형 질문, 호응, 대답 여유, 확인, 쉬운 용어, 분리 질문, 경청 자세, 면담주제 협상				
나의 생각과 배경을 효과적으로 알아냈다.	아주 우수	우수	보통	미흡
생각/걱정 질문, 기분/정서 표현 격려, 나의 기대 파악, 일상생활 영향 파악, 나의 입장/배경/처지 등에 관심				
내가 이해하기 쉽게 설명하였다.	아주 우수	우수	보통	미흡
쉬운 용어, 필요한 정보, 내 의견과 선택권 고려, 기억하기 쉽게 설명, 이해 점검 및 질문 기회, 근거 있는 설명				
나와 좋은 유대관계를 형성하려고 했다.	아주 우수	우수	보통	미흡
편하게 시작, 공감과 지지, 무비판적 수용, 진정성/솔직함, 편안한 분위기, 신뢰, 자신감, 존중				
면담을 체계적으로 이끌어나갔다.	아주 우수	우수	보통	미흡
논리/체계적 순서, 적절한 시간 배분, 주기적 요약/면담 방향 제시, 내 생각에 따라 질문 이어가기				
신체진찰 태도가 좋았다.	아주 우수	우수	보통	미흡
손 위생, 사전 설명, 가려주기, 환자안전과 불편함 배려				

진료 파트에 해당하는 임상수행능력평가(CPX)의 환자의사관계(PPI) 항목이다.
위 항목은 모의환자가 직접 채점한다.

준비하는 것이 좋다.

국시 직전에 학교에서 자체적으로 SP를 섭외해 모의고사를 보게 하거나 다른 학교와 연합해 실제 국시처럼 치르게 하기도 한다*.

필기시험은 혼자서 문제집을 풀면서 준비한다. 그러다 스터디 어플을 이용해 동기들과 공유하며 서로 자극을 주고받으며 공부하는 것도 도움이 된다. 필기시험은 짧게 1~2달, 길게 3~6달 전에 시작하므로 보통 실기가 끝나고 본격적인 준비를 한다.

임상수행능력평가(CPX)

임상술기시험OSCE과 임상수행능력평가CPX 같은 용어는 아직 여러분에게 생소할 것이다. 그래서 좀더 자세하게 설명하려고 한다. 만약 불명열원인을 모르는발열을 호소하는 환자가 있다고 가정해보자. 국시 준비생은 12분 안에 이 환자의 진단과 치료의 방향을 정해야 한다. 그런데 면담을 좀 하다 보니 불명열의 원인으로 감염이 의심된다. 그러면 국시 준비생은 원인균을 확인하기 위해 실제 팔 모형에 직접 주사를 놓아 채혈혈액 배양을 한다. 이것을 12분 안에 완료해야 하는데 이때 면담하고 진단하는 것이 임상수행능력평가CPX고, 채혈하는 것이 임상술기시험OSCE에 해당한다. 보통 12분 중 6분 정도를 면담, 4분 정도를 술기, 나머지 2분 정도를 환자 교육으로 분배하고 연습한다.

앞에서도 언급했지만 2022년도부터는 진료CPX와 술기OSCE가 합쳐져

----

* 다른 학교 연합 모의고사의 경우 실제 국시처럼 합격인지 불합격(PASS or FAIL)인지 알려준다. 채점 항목마다 평균점수를 알 수 있어 자신이 다른 학교 학생에 비해 점수가 얼마나 부족한지 확인할 수 있다.

복합진료 방식으로 바뀌게 된다. 이전엔 진료만 하는 시험CPX 따로, 술기만 하는 시험OSCE을 따로 봤다면 이젠 한자리에서 진료도 하고, 필요하면 술기도 같이 하는 식으로 바뀐 것이다.

하지만 항목들이 하나로 합쳐진 것뿐, 진료 항목이나 술기들이 새롭게 추가되지는 않았다. 다만 상황에 따라 적절한 술기를 선택하고 제한된 시간 안에 진료까지 봐야 하는 압박감이 늘어났다고 할 수 있다.

아래의 자료는 임상수행능력평가CPX 교재의 목차로 진료 파트 항목들이다. 각 항목마다 여러 개의 감별진단과 진단 알고리즘이 존재한다. 즉 수십에서 수백 개의 질환을 암기해야 된다는 뜻이다.

의사국가시험 실기는 매년 용어와 항목이 바뀌어 복잡하다. 이 책에서는 이해를 돕기 위해 임상술기시험OSCE과 임상수행능력평가CPX를 따로 구분해서 설명하고자 한다.

임상수행능력평가CPX는 54개였던 항목이 48개로 축소되었다(167페이

[현행]

문항유형	항목명칭	개수
진료문항	공개항목	54개
수기문항	공개항목	32개

[변경]

문항유형	항목명칭	개수
종합문항	임상표현	48개
	기본진료술기	9개

'임상표현 문항에서는 신체진찰에서 시뮬레이션 할 수 있는 모형을 포함하여 출제할 수 있음'

여기서 임상표현이 CPX, 기본 진료 술기가 OSCE다.

지 사진 참조). 하지만 항목 개수만 줄어들었을 뿐 내용은 기존 54개 항목들이 합쳐져 내용 범위는 좁아지지 않았다.

임상술기시험(OSCE)

임상술기시험OSCE, 즉 오스키는 의사로서 필수적으로 요구되는 의료 활동을 하기 위한 기본 술기를 평가받는 시험이다. 드레싱, 채혈부터 기관삽관, CPR 등 나중에 병원에서 근무하면서 사용할 술기들을 포함하고 있다.

169페이지 상단 사진 자료는 원래 임상술기시험OSCE 항목들로, 따로 평가를 받았지만 이제는 임상수행능력평가CPX로 흡수되어 진료시 필요하면 실시하는 항목들로 변경되었다.

169페이지 하단 사진 자료의 항목은 임상수행능력평가CPX에 흡수되지 않고 남아 있는 임상술기시험OSCE 항목이다. 즉 이것들은 임상수행능력평가CPX와 같이 보는 것이 아니라 따로 평가를 받아야 한다. 좀더 자세히 설명하자면 시험에 나올 수 있는 항목은 '응급처치, 상처 관리, 채혈 및 혈관 확보' 총 3가지다. 이 중에 1개의 항목이 랜덤으로 출제된다.

이렇게 임상수행능력평가CPX에서 실시하는 것 외에 따로 항목을 둬서 임상술기시험OSCE만 보기도 한다. 정리하면 2022년도 기준 임상수행능력평가CPX 9개, 임상술기시험OSCE 1개, 총 10개의 시험을 보게 되는 것이다. 10개의 항목 중 6~7개 이상을 통과하면 실기는 합격이다. 174페이지에 실기시험 체험 사례를 마련해놓았으니 참조하기 바란다.

번호	기본수기			비고
1	설명동의서 받기	8	자궁경부 펴바름 검사	
2	시력검사	9	정상 분만(분만 진행 단계 진찰)	
3	안저 검사	10	질 분비물 검사	
4	이경 검사	11	심전도 검사	**진료로 흡수 예정**
5	항문 직장 진찰	12	척추 천자	
6	혈압 측정	13	뼈관절 부목고정	
7	환자상태보고	14	도뇨관 삽입(남.여)	

임상수행능력평가(CPX)로 흡수된 임상술기시험(OSCE) 항목들

기본진료술기 문항?

번호	구분	항목명
1		기본 심폐소생법
2	응급 처치	심장전기충격요법
3		기관삽관법
4		상처드레싱(상처소독)/화상드레싱
5	상처관리	국소마취
6		봉합술
7		정맥주사/안전수혈술기
8	채혈 및 혈관확보	정맥혈 채혈/혈액배양을 위한 채혈
9		동맥혈 채혈

임상수행능력평가(CPX)로 흡수되지 않고 임상술기시험(OSCE)으로 남아서
따로 평가 받는 항목들. 응급 처치, 상처 관리, 채혈 및 혈관 확보
3가지 항목 중 하나를 보게 된다.

필기시험

의사국가시험 필기는 실기가 모두 끝난 후에 실시된다. 2022년부터 OMR이 아닌 컴퓨터시험으로 대체된다. 이 부분은 매우 중요한데 컴퓨터를 통해 멀티미디어 문항이 나올 수 있기 때문이다. 멀티미디어 문항은 아직 구체적으로 정해지지 않았지만 동영상이나 음성 자료 등을 보거나 들으면서 문제를 풀도록 개발할 수 있다.

필기시험 과목은 총 3개로 320문항으로 이루어져 있다. 이 중 3개는 멀티미디어 시험이고 모두 객관식이다. 시험은 이틀에 걸쳐 보게 되며 자세한 시간표는 아래 자료를 보면 확인할 수 있다.

1일차 1교시를 보면 알 수 있듯이 의사국가시험에는 법규도 공부해야 한다. 내용이 그렇게 어렵지는 않지만 따로 공부를 해야 하는 과목이다. 실제로 병원에서 근무하면서 맞닥뜨릴 수 있는 문제들이기 때문에 중요하다고 할 수 있다.

필기시험은 전 과목 총점의 60% 이상, 매 과목 40% 이상 득점한 경우

다. 시험시간표

구분	교시	시험과목(문제수)	응시자 입장시간	시험시간	답안전송 확인시간
1일차 (8.21)	1	1.보건의약관계 법규(20) 2.의학총론(60)	08:00~ 08:30	09:00~10:45 (105분)	10:45~10:50 (5분)
	2	1.의학각론1(80)	11:10	11:20~13:05 (105분)	13:05~13:10 (5분)
2일차 (8.22)	3	1.의학각론2(80)	08:00~ 08:30	09:00~10:45 (105분)	10:45~10:50 (5분)
	4	1.의학각론3(48) 2.의학각론4(R형)(32)	11:10	11:20~13:05 (105분)	13:05~13:10 (5분)

필기시험 시험 시간표

합격이다. 물론 성적이 높을수록 나중에 인턴이나 레지던트를 지원할 때 유리하게 작용한다.

필기시험은 전 과목 전 범위에 해당하는 문항들이 출제된다. 즉, 우리가 의대에서 배웠던 모든 것들이 시험에 나올 수 있다는 것이다. 사실 우리는 의대를 다니면서 의학의 모든 분야를 짧게 혹은 긴 시간을 들여 배운다. 그것만으로 의사로서 훌륭하게 임무를 처리하기는 쉽지 않다.

그렇다면 의대생들은 필기시험을 어떻게 준비할까? 해결책은 어떤 것이 중요한지 알고 그 외의 것을 '전체적으로 훑어보는 것'이다. 모든 의학을 6년이라는 시간 안에 다 알 수는 없다. 이것은 저명한 의사들도 마찬가지다.

의사국가시험의 취지는 '최소한 이 정도는 알아야 의사라고 인정해주겠다'라고 할 수 있다. 우리가 맞닥뜨릴 수 있는 응급 질환이나 1차 의료인 General Physician, GP으로서 최소한 중요한 질환들을 알아야 통과시켜주겠다는 의미인 것이다. 의사국가시험은 전문의가 아닌 1차 의료인GP을 양성하는 것이 목적이다.

예를 들어, 어떤 아이가 경련으로 병원에 왔다면 우선 호흡 같은 활력징후vital sign를 살펴보고 만약 불안정하다면 그에 맞는 응급처치를 해줘야 한다. 다음으로 어떤 질환의 가능성이 높은지 알아보기 위해 문진을 할 것이고, 가장 흔한 열성경련부터 접근을 해야 한다. 이에 걸맞은 처치를 해주었는데도 나아지지 않는다면 큰 병원으로 보내 전문의가 진료하도록 해야 한다.

이것만 해도 일반의사로서 해야 할 일을 다 한 것이다. 따라서 우리는 나이와 성별, 과거 병력을 보고 임프레션impression, 가능성이 가장 높은 진단을 잡고 어떤 검사를 진행해야 할지 판단하고, 그 검사 결과에 맞게 처치를 해줄지에 대해서 공부하면 된다.

　다시 강조하자면 1차 의료인은 일상생활에서 나타날 수 있는 흔한 질병을 치료하거나 응급처치를 하는 것이지, 항암 치료와 같은 부분을 완벽하게 알아야 하는 것은 아니다. 항암 치료나 경련과 같은 것은 추후에 전문의의 영역이고 1차 의료인의 역할은 환자를 적절한 전문의에게 의뢰하는 것, 응급조치를 취하는 것이다.

　그럼 어떤 질환을 공부해야 할까? 크게 2가지가 있다. 첫 번째로는 골든타임을 놓치면 사망하거나 영구적인 상해가 남는 응급 질환에 대해서는 반드시 알아야 한다. 두 번째는 각 분야에서 흔한 질환들을 알아야 한다. 이 부분은 본과 때 공부하면 자연스럽게 알게 될 것이다. 이러한 내용은 많은 의대생들이 참고하고 있는 퍼시픽북스의 의사국가시험의 대표적 교재 『KMLE』에 잘 정리가 되어 있다.

의사국가시험의 대표적 교재는 퍼시픽북스의 『KMLE』 시리즈다.

필기시험에 대처하는 멘탈 관리

많은 의대생들이 필기시험 당일 시험 장소 근처에 숙소를 준비한다. 그리고 수학능력시험에서 후배들이 응원하는 것처럼 의과대학도 후배들이 응원하는 문화가 있다. 하지만 코로나 팬데믹으로 많이 사라졌다.

간혹 긴장을 많이 하는 준비생인 경우 인데롤^{Indenol}이라고 하는 베타 차단제$^{\beta-blocker}$를 미리 처방받아 먹기도 한다. 심장의 수축력을 약하게 해서 심장의 부담을 줄이고 혈압을 내리는 효과를 가진 이 약은 공연하는 사람들이 많이 처방을 받기도 한다. 흔히 불안 증상을 완화시키는 역할을 한다. 가슴이 두근거릴 때 청심환을 먹는 것과 같은 이치라고 할 수 있다. 청심환도 심장의 열을 풀어주고 마음을 안정시키는 효과를 가지고 있다.

앞에서도 거론했지만 의사국가시험의 합격률은 다른 시험에 비해 높은 편이다. 긴장만 하지 않는다면, 실수만 하지 않는다면 합격할 수 있다. 간혹 합격하지 못하더라도 다음 년도에 시험을 볼 수 있으니 미리 걱정할 필요는 없다.

의대에는 유명한 말이 있다.

"꼴찌도 의사다!"

이 말은 의사의 불성실함을 말하는 것이 아니다. 국시의 성적이 좋지 못하더라도 더 열심히 정진한다면 의사로서의 임무를 충분히 마칠 수 있다는 의미다. 앞에서 강조했지만 의사국가시험은 1차 의료인의 양성이다. 국시에 합격한 후 인턴이나 레지던트 과정을 통해 전문의로서 훈련을 받고 실력을 쌓으라는 채찍과도 같은 것이다.

물론 교수님이나 선배들이 후배들을 격려하는 차원에서 하는 말이기도 하다. 의과대학에 입학하기 전에는 '과연 내가 의사가 될 수 있을까?', '그 많은 공부량을 감당할 수 있을까?' 등 이런저런 걱정이 많지만 의지가 강하다면, 그리고 목표가 확실하다면 해낼 수 있다. 특히 의대는 혼자서

승부를 치르는 것보다 동기들이 전우애를 가지고 공부하기 때문에 시너지 효과가 배가되기도 한다.

특히 유급을 할 수 있다는 생각이 들면 정신이 바짝 들기도 한다. 무엇보다 각 학교마다 흔히 족보라는 기출문제들이 있기 때문에 그것을 중심으로 시험을 준비하면 합격할 수 있다.

길다면 길고 짧으면 짧은 6년간의 의대생활, 멀리서 보면 너무 힘들어 보이지만 들어올 수 있는 용기와 실력만 된다면 누구든 졸업할 수 있다. 공부량에 겁먹지 말고 의사에 대한 꿈이 있다면 꼭 용기 내어 도전해보길 바란다.

의대생 선배의 Story!

실기시험 체험해보기

46세 남자 오기범 씨가 목에서 피가 나와 내원하였다. 활력징후는 혈압 106/84mmHg, 맥박 70회/분, 호흡 22회/분, 체온 37.8℃. 증상에 관련된 병력을 청취하고 신체 진찰을 시행한 후 추정 진단과 치료 계획에 대해 논의하시오.

실기시험을 준비하는 의대생의 필수도구는 흰 가운, 펜라이트, 청진기다. 시험장에 들어가기 전 제시문이 주어진다. 그것을 읽고 생각할 시간은 1분으로 제시문을 통해 유추해야 할 질병들과 질문들을 머릿속에 정리한다. 1분이 지나고 시험장으로 들어간다.

시험장에 들어서면 우선 세정제로 손을 씻어야 한다. 책상 위에 각종 술기 기구들이 놓여 있다. 그러면 실기시험이 시작된 것이다. 아래는 실기시험을 묘사한 것이다.

안녕하세요. 저는 학생의사 OOO입니다. 성함과 생년월일 알려주시겠어요?"

"오기범, 46살이요."

"네, 확인했습니다. 오늘 병원 오는데 힘드시진 않으셨어요?"

어색하고 서먹한 분위기를 깨뜨리기 위해 약간의 사적인 물음을 던진다.

"네, 괜찮았어요."

"오늘 많이 기다리셨을 텐데 제가 빨리 진료하겠습니다. 오늘 어떤 일로 병원에 오셨나요?"

"목에서 피가 나왔어요."

출혈 질환은 흔한 증상이 아니므로 공감하는 멘트를 덧붙이면서 먼저 응급한 상황은 아닌지 확인한다.

"피가 나왔다니 많이 놀라셨을 것 같습니다. 기범 님 혹
시 지금 어지럽거나 호흡하기 힘드시진 않으세요?"
"네, 괜찮아요."
"혹시라도 말씀드리는 것인데 힘드시면 언제든 말씀해
주세요. 그럼 천천히 진료 시작해보겠습니다."

우선 목에서 나온 피가 식도에서 나온 것인지 기도에서 나온
것인지 확실하게 구분한다. 피에 거품이 섞여 있었는지 물어보면
피를 토한 것인지 기침해서 나온 것인지 감별할 수 있다. 거품이
있으면 기침, 즉 기도에서 나온 것이라 유추한다.

"기범 님 혹시 피가 나온 상황을 자세히 말씀해주시겠어
요?"
"기침하는데 휴지에 피가 묻어 나왔어요."
"혹시 피에 거품이 섞여 있었나요?"
"네."
"아, 그렇군요. 언제부터 그런 증상이 있었나요?"
"한…… 2주일 정도 된 거 같아요."
"그렇군요. 많이 불안하고 걱정이 되셨겠습니다."

환자가 걱정하는 표정을 짓고 있다. 걱정과 공감하는 멘트를
꼭 하도록 한다.

"2주 전이랑 비교해서 피가 나오는 것이 더 심해지셨나
요?"
"네, 처음에는 휴지에 묻어 나왔는데 어제는 소주잔 반

정도로 나오더라고요."
"예전에도 이런 적이 있었나요?"
"처음이에요."
"네, 피가 나온 것에 대해서 좀 자세히 여쭤보려고 해요.
기범 님 피의 색깔이 선홍색과 검붉은색 중에 어느 쪽에
가까웠나요?"
"선홍색이요."

피의 색깔에 따라 출혈이 언제 나타난 것인지 유추할 수 있
다. 피는 오래될수록 검붉은색에 가깝다.

"기침이나 가래 같은 게 나오진 않았나요?"
"네, 기침 가래가 있었어요."

호흡기 질환이 동반되어 있지 않은지 확인한다.

"네, 감사합니다. 기범 님 혹시 피가 나오는 것 말고 본
인이 느끼는 다른 증상이 있을까요?"

답변을 예상하고 물어보는 폐쇄형 질문이 아닌 자유롭게 대
답할 수 있는 개방형 질문을 던진다. 이때는 질문을 많이 하는 게
좋은데 여기서는 2~3개만 나열했다.

"갑자기 여쭤보면 생각이 나지 않을 수 있으니 제가 차
례대로 질문 좀 드리겠습니다. 최근에 발열, 피로 같은

전신증상이나 식은땀이 나진 않았나요?"

"열은 모르겠는데 요즘 피로하고 밤에 식은땀이 나긴 했어요."

"최근에 감기에 걸리거나 체중이 빠진 적은 없었나요?"

"2달 사이에 5kg이 빠졌어요."

여기선 이렇게 예를 들지만 실제로 한 번에 3개의 질문을 하면 대답이 애매해질 수 있기 때문에 지양한다. 이 책에서 편의상 한 번에 질문을 다 넣었다.

"가슴이 아프시거나 두근거리진 않았나요?"

"아뇨. 그런 건 없었어요."

"평소에 양치질할 때 피가 잘난다거나 멍이 잘 들진 않으셨나요?"

평상시 출혈 경향이 있는지 확인한다.

"아뇨. 그런 적 없어요."

"그렇군요."

밤에 식은땀이 나고 체중이 감소한 것으로 봐서 결핵임을 파악했다. 하지만 그렇다고 결핵으로 몰아가는 폐쇄형 질문만 던지면 안 되니 더 질문을 해야 한다.

"기범 님 피가 나오는 증상이 자세에 따라 바뀌진 않나
요? 평소와는 다른 음식, 예를 들면 민물게장 같은걸
드시진 않으셨나요?"
"아니요."

기생충 감염이나 다른 호흡기 질환도 확인해준다.

"기범 님 가슴 엑스선 같은 정기검진은 잘 받고 계신가
요?"
"네, 이상 없었어요."
"당뇨나 고혈압을 비롯한 성인병이나 호흡기 질환 병
력이 있으신가요?"
"없어요. 건강하게 잘 지내고 있어요."
"그러시군요. 혹시 가족 분들 중에 호흡기적으로 병력
있는 분이 계실까요?"
"아니요."
"혹시 주변에 결핵을 앓으셨다는 분은 없었나요?"
"없어요."

의심 질환에 대해 정확히 짚어서 물어본다.

"드시고 있는 약은 있나요?"
"아니요. 없습니다."
"아스피린이나 항응고제 같은 약을 복용하고 있진 않

으세요?"
"아니요."

출혈을 유발시킬 수 있는 약을 한 번 더 정확히 물어본다.

"술이나 담배는 하시나요?"
"술은 하지 않고 담배는 하루에 한 갑씩 15년 동안 피우
고 있습니다."
"술은 안 하신다니 좋습니다."

비록 담배를 피워도 환자가 건강에 좋은 습관을 하나라도 가
지고 있다면 아낌없이 칭찬을 해주며 친밀감을 쌓는다.

"직업을 여쭤봐도 될까요? 혹시 스트레스를 많이 받
으시나요?"
"배관공이고, 스트레스는 딱히 없습니다."
"그러시군요. 알겠습니다."

결핵 외에는 특별하게 의심되는 것이 없다. 여기서 마무리하
고 신체 진찰을 할 차례다.

"기범 님이 말씀하신 것 한 번 정리해보겠습니다. 2주
전부터 기침할 때 피가 나오고 최근에 체중이 줄어들
었다고 하셨습니다. 맞으실까요?"

"네, 맞아요."
"(손을 다시 씻으면서) 그럼 이제 신체 진찰을 하려는
데 폐 쪽에 문제가 없는지 제가 직접 확인을 해야 합니
다. 상의를 탈의해야 되는데 괜찮으실까요?"

신체를 노출시키는 만큼 충분히 양해를 구한다.

"네, 알겠습니다."

상의를 탈의시키고 시진부터 촉진, 타진, 청진 순으로 술기를
시행한다. 신체 부위마다 청진을 먼저 할지 나중에 할지 진찰 순
서도 정해져 있다. 만약 이상이 있다면 환자가 결과가 적힌 카드
를 내어줄 것이다. 진찰이 끝날 때까지 아무것도 제시받지 않았
기 때문에 신체 진찰 소견은 정상이다.

"협조해주셔서 감사합니다. 불편하진 않으셨나요? 상
의는 다시 입어주셔도 됩니다."

신체 진찰을 마치자마자 2분 남았다는 안내 방송이 흘러나
온다.

"오늘 목에서 피가 나오는 것 때문에 많이 걱정하셨겠
습니다. 제가 오늘 진찰을 종합해본 결과 의심되는 질
병 몇 가지가 있습니다. 그 전에 혹시 기범 님이 걱정되

는 점이 무엇인지 여쭤도 될까요?"

PPI 항목에 환자가 걱정하고 기대하는 것을 파악하는 것이 있기 때문에 먼저 확인한다.

"암 같은 큰 병이 아닐까 걱정됩니다."
"그렇군요. 갑자기 이런 증상이 생긴 만큼 걱정이 되는 점 충분히 이해합니다. 하지만 제가 오늘 기범 님 이야기를 들었을 때 암보다는 다른 질환이 먼저 의심이 됩니다. 첫 번째로 의심되는 질병은 결핵인데 혹시 어떤 병인지 알고 계신가요?"

환자의 질병 이해도를 확인한다.

"음…… 들어만 봤어요."
"결핵은 결핵이라는 균이 감염되어 폐에 각종 문제를 일으키는 병입니다. 기범 님이 최근 밤에 식은땀이 나고 체중이 감소하는 증상 그리고 피가 나오는 것 또한 결핵의 대표적인 증상입니다. 하지만 정확한 진단을 위해서는 가슴 엑스선을 통해서 폐에 병변이 있는지 확인하고 객담검사를 실시해봐야 될 것 같습니다. 혹시 오늘 검사 다 가능하실까요?"
"네, 알겠습니다."
"만약 확진이 된다면 저희가 결핵 약을 처방해드릴 겁

니다. 약이 많고 치료 기간도 길지만 중간에 복용을 멈추면 다시 치료하기가 힘드니 꼭 치료에 잘 참여해주시기 바랍니다. 그리고 결핵은 전염성이 있기 때문에 초기 2주간은 격리가 필요합니다. 혹시 제가 말씀드린 것 중에 이해가 안 되거나 궁금한 사항 있을까요?"

"이해됐습니다."

질병을 설명할 때는 어려운 단어를 사용하지 않는다. 말하는 틈틈이 환자가 의사의 말을 잘 듣고 있는지 확인한다.

"그리고 조금은 조심스럽지만…… 기범 님께서 담배도 오래 피우셨고 체중이 감소한 것을 보아 두 번째로 폐암의 가능성도 완전히 배제할 수는 없습니다. 다만 아직은 이른 나이니 너무 걱정하지 마시고 흉부 엑스선 결과를 보고 말씀드리겠습니다."

암은 큰 질환인 만큼 검사 결과가 나오기 전에 확신할 수 없다. 또한 환자가 충격을 받을 수 있기 때문에 조심스럽게 얘기를 한다.

"현재 담배를 피우고 계신데 앞으로 폐 건강을 위해서라도 꼭 끊어주시길 권유합니다. 금연을 하지 않으면 증상이 더 심해질 수 있습니다."

"그렇군요……. 알겠습니다. 그렇게 하도록 하겠습니다."

"네, 더 궁금한 점이 있으실까요?"

"없습니다."

"오늘 잘 협조해주셔서 감사합니다."

손을 씻으며 진료를 마무리한다.

동기와 함께 연습하며 신체 진찰을 해보는 것이 도움이 될 것이다. 연습이
라서 상의 위에 청진하고 있지만 실제 시험에선 상의 탈의를 요청하고 직
접 몸에 대고 청진을 해야 한다.

6교시

슬기로운
의대생활의
모든 것

의대생도 대학생이다!

다른 과와 교류가 거의 없는
의대 동아리

의대의 꽃은 바로 동아리다. 의대의 특징이라고 하면 동아리에서 다른 과와의 교류가 거의 단절되어 있다는 점을 들 수 있다. 물론 중앙동아리나 간호학과 같은 다른 과와 함께하는 동아리에 가입할 수는 있지만 대부분 의예과 동아리는 과의 선후배들과 동기들로 이루어져 활동한다. 그래서 그런지 강한 유대감을 느낄 수 있다.

동아리의 종류는 다양하다. 학교마다 약간의 차이는 있겠지만 대개 이렇게 나뉜다. 공연 동아리로는 밴드, 오케스트라, 댄스, 노래 등이 있고, 운동 동아리로는 축구, 농구, 야구 등이 있고, 취미 동아리로는 사진이나 그림 등이 있고, 그 외에 학술이나 봉사, 종교 등의 동아리가 있다. 물론 새로운 동아리를 만들 수도 있다.

시즌 드라마로 자리매김한 「슬기로운 의사생활」에 나오기도 했지만 밴드 동아리는 각 학번끼리 팀을 이루어 학교 행사가 있으면 자체 공연을 하기도 한다. 오케스트라 동아리도 마찬가지로 함께 활동하며 병원에서 자선 공연을 할 때가 있다. 공연 동아리는 다른 동아리와 달리 연습 시간이 필요하기 때문에 공부를 하는 데 시간을 조금 뺏기기도 하지만 그만큼 특별한 추억을 쌓을 수 있다.

전국 의대생들이 함께 할 수 있는 시간이 있는데 이는 '메디컬 대회'다. 전국의대의 축구나 농구 동아리들이 토너먼트 형식으로 매년 대회를 진행하는데 방학 때 합숙훈련을 할 만큼 굉장히 치열하다. 또 종교 동아리인 CMF는 전국대학의 의료계열 과라면 가입이 가능한 기독교 동아리다. 의대생이 아닌 여러 의료계열 학생들과 친해질 수 있는 장점이 있다.

의사들은 술을 잘 마신다는 풍문이 떠돈다. 그렇다면 그 전신이라고 하는 의대생들도 술을 잘 마실까? 특히 동아리 활동을 하면서 엄청난 음주량을 자랑하지 않을까? 학교마다 동아리 성격에 따라 달라지겠지만 모든 동아리가 그렇지는 않다. 술 동아리라 할 만큼 술을 권하는 동아리도 있지만 술을 아예 마시지 않는 동아리도 있다. 이는 선배들에게 미리 정보를 얻을 수 있으니 전혀 걱정하지 않아도 된다.

그렇다면 동아리 활동을 하면 경제적 지출이 늘어날까? 이 부분은 동아리 성격마다 다를 수 있다. 공연을 많이 하는 동아리는 대관료 등이 들어갈 수 있기 때문에 금액이 높아질 수 있지만 그렇지 않은 동아리는 적게 들어갈 수 있다.

사진 동아리의 경우 전시회를 여는 경우도 있다.

활동비가 전혀 없는 동아리도 많고, 졸업하신 선배들이 지원을 해주는 경우도 있다. 대개 동아리 활동비는 학기마다 지불한다.

　의대 공부량이 많아 학점 관리에 영향을 미칠까 걱정이 되어 동아리를 들지 않는 경우도 있다. 이는 자신의 자유이지만 예과 때만이라도 다양한 동아리 활동을 권장한다. 의대 동아리는 선후배와의 관계가 끈끈하기에 정보도 많이 얻을 수 있고 친해질 수 있는 기회가 된다. 바쁜 동아리 활동 속에서도 과탑은 있으니 '슬기로운 동아리생활'을 하길 바란다.

많은 이점이 있지만
책임감이 높은 의대의 학생회

고등학교에도 학생회가 있듯이 의대에도 학생회가 있다. 이는 학회장본과 3학년, 부학회장본과 1학년, 총무부, 복지부, 학술부, 기획부로 이루어져 있다. 학생회의 업무는 본과 4학년 선배들의 국시 응원, 골학 준비와 진행, 총 엠티 준비, 학회 출범식 및 소개 등이 있다. 포트폴리오에 학생회 활동을 작성할 수 있고 학생 자치활동 참여가 가능하다는 장점이 있지만 방학 중 학교 일에 시간을 투자해야 하는 단점이 있다.

　최근 공공의대 설립으로 인해 단체 휴학을 하는 사건이 있었는데 이것도 학생회가 주도적으로 이끌었다. 이와 같이 학교나 과에 관련된 큰 사건을 담당한다. 그래서 학교마다 약간의 차이는 있겠지만 학회장과 부학회장에게는 매 학기마다 장학금이라는 명목 아래 50~100만 원을 지급한다. 금액은 학교마다 다를 수 있으니 참고만 하기 바란다.

　그렇다면 학생회 임원이 되려면 어떻게 해야 할까? 매년 예과 2학년생 중에서 뽑는데 학년이 올라가면 이들이 학회장이나 부학회장을 이어받는다. 학생회는 과 업무를 하는 만큼 그에 달하는 이점도 있지만 책임감도 크기에 신중하게 결정해야 한다.

과외 시장에서 선호하는 의대생

대학생이 되면 학비나 용돈을 벌기 위해 아르바이트를 한다. 그중 가장 쉽게 할 수 있는 것이 과외 알바다. 솔직히 말하자면 의대의 입시 결과가 좋은 만큼 의대생은 과외 시장에서 선호를 받는 타이틀이다. 더욱이 이것은 공부 실력에 대한 보장을 말하기 때문에 학부모와 잘 협의가 된다면 시급이 높은 편이다.

따라서 의예과 1~2학년의 경우 비교적 시간이 많기 때문에 과외를 통해 용돈을 버는 의대생들을 쉽게 찾아볼 수 있다. 예과생의 경우 주말이나 방학뿐만 아니라 학기 중 평일에도 과외를 병행하며 용돈을 마련할 수 있다. 과외는 보통 일주일에 2번 혹은 3번 정도 진행하며 2시간씩 수업하는 경우가 가장 많다. 과외를 하는 의대생의 비율은 학교마다 다르겠으나, 주변을 살펴보면 30~40% 정도의 의대생들이 과외를 병행하고 있다.

그러나 본과생으로 진급하면서 학업에 대한 부담감이 크기 때문에 과외를 병행하기가 힘들다. 따라서 학기 중 평일이나 주말에는 적은 양의 과외만 진행하고, 주로 방학 기간에 몰아서 과외를 하는 본과생들이 많다.

지금까지 의대생들이 해왔던

코로나 팬데믹 현상으로 과외가 비대면으로 바뀌었다.

과외의 방식은 학생과 만나서 수업하는 대면 과외였지만 코로나바이러스 감염증-19로 인해 비대면 과외로 바뀌었다. 아이패드 등 태블릿 제품을 통해 비대면으로 과외를 진행하는 의대생들이 점점 많아지는 등 과외의 모습도 다양해지고 있는 추세다.

하지만 의대생에게 과외는 필수가 아니다. 공부량이 만만치 않기에 과외에 시간을 쏟지 못하기 때문이다. 물론 스스로 용돈을 마련한다는 좋은 취지가 있지만 우선은 자기 공부가 우선일 수밖에 없기 때문에 하지 않는 경우가 더 많다.

받으면 무조건 감사하다, 장학금

대학생이 받을 수 있는 장학금은 크게 교내장학금, 교외장학금, 국가장학금으로 나눌 수 있다. 교내장학금은 학교마다의 기준에 따라 일부 학생들에게 지원되며 대표적인 예로 성적장학금을 들 수 있다.

성적장학금은 소수의 최상위권에게 등록금 전액에 가까운 금액을 지원하는 대학도 있고, 비교적 많은 인원인 상위 20%에게 등록금의 20% 정도의 금액을 지원하는 대학도 있는 등 학교마다 다양한 방식으로 운영하고 있다.

교외장학금은 학교 외부의 단체에서 학생들에게 수여하는 장학금이다. 의과대학인 경우, 학교가 위치한 지역의 의사회에서 수여하는 장학금이나 각종 외부 재단에서 수여하는 장학금이 대표적이다. 일회성으로 지원받는 장학금이 있는 반면, 한 번 선정되면 몇 년간 지원받을 수 있는 장학금도 있다. 다만 혜택이 큰 교외장학금은 경쟁이 치열한 만큼 우수한 성적이 요구된다.

국가장학금은 가정의 소득분위에 따라 나라에서 지급해주는 장학금으로 기초생활수급자, 차상위계층 및 소득분위 1구간의 경우 한 학기에 200만 원이 넘는 금액까지 지원받을 수 있고, 소득분위가 높아질수록 지원 금액이 적어지는 장학금이다.

같은 길을 먼저 걷고, 같이 걷고, 나중에 걷는 의대생의 동기와 선후배

의대생활에서 가장 필요하고 중요한 존재는 '동기'라고 할 수 있다. 많은 공부량과 팍팍한 강의를 버틸 수 있는 원동력은 함께하는 동기들이 있기 때문이다. 의대생은 과에서 정한 시간표에 따라 수업을 듣기 때문에 따로 수강 신청을 하지 않아도 된다. 따라서 9시부터 오후 늦게까지 한 교실에서 동기들과 함께 수업을 듣는다. 대학생이라기보다 고등학생의 삶에 가깝다고 할 수 있다.

특히 의예과는 '왕따 학과'라 불릴 정도로 다른 과와의 교류가 매우 적은 편이라서 6년 내내 동기들과 붙어 있다 보니 "고등학교 때 친구와 대학교 때 친구가 다르다"라는 말은 해당되지 않는다. 오히려 고등학교 때보다 더 오래 수업을 들어야 하기 때문에 친밀함은 고등학교 동기보다 더 높다고 할 수 있다.

그렇다면 남녀의 비율은 어떨까? 5년 전까지도 여학생의 비율이 전체 20%도 안 되었지만 매년 그 비율이 증가하고 있다. 현재까지 남학생이 여학생보다 더 많은 비율을 차지하긴 하지만 이 추세로 나아간다면 앞으론 비슷해질 것이다. 학과 특성상 동기들 간의 나이 분포도 넓은 편이다. 현역은 절반 정도이고 나머지 절반은 N수생이다.

물론 이것은 학교 여건이 어떤지에 따라 달라진다. 또한 기숙사냐 자취냐에 따라 분위기도 달라진다. 어떻게 보면 의대생 동기들은 서로에게 경쟁자이자 동지다. 그리고 서로 도움과 응원을 아끼지 않는 존재다.

의예과의 선후배 관계는 다른 과와 비슷하면서도 약간 다르다. 대학 선배가 사회의 선배는 물론 미래의 직장상사가 될 수 있기 때문에 선배가 이끌어주는 길이 매우 다양하다. 물론 그만큼 지켜야 할 선도 있겠지만 의대생에게 선배는 믿음직한 존재로 멘토가 되기도 한다. 어떻게 보면 교수님들도 의대생의 선배다. 그리고 이 책을 읽는 예비 의대생도 후배다. 의대생에게 선배는 길의 인도자고, 후배는 자신의 길을 뒤따른 후계자다. 동기 못지않게 중요한 사람들이다.

예전에는 의대 군기가 세다고 알려져 있지만 요즘에는 그렇지 않다. 나이 분포가 다양하기 때문에 선배라고 하더라도 동갑이 될 수 있고 혹은 더 어릴 수도 있다. 어떤 학교는 학번제가 아닌 나이제로 선후배 간의 편한 분위기를 갖기도 한다.

개인주의가 심해지고 있는 현재 굳이 선배와 친하게 지낼 필요가 있냐고 반문을 하는 학생들이 있을 것이다. 냉정하게 말하면 정말로 친하게 지내야 한다. 의대는 정보 싸움이라고 해도 과언이 아니다. 교수님의 취향이나 특성이나 시험 정보 등은 대부분 선배를 통해 얻을 수 있다.

또한 선배들이 시험공부를 하며 정리했던 자신의 노트정리본를 나눠주는 경우도 있어 그것이 유용하게 사용된다. 꼭 이런 이유가 아니더라도 우리에게 낯선 길을 걸었던 선배의 여정은 지금 걷고자 하는 사람들에게 교훈을 준다. 또한 '내리사랑'이라고 자신이 도움을 받은 만큼 후배들에게 나눠주고 싶은 게 인지상정인 만큼 의대의 선후배 관계는 다른 과에 비해 두텁다고 할 수 있다.

공부만 하기엔 뭔가가 부족하다, 의대생의 연애

의대생의 연애는 다른 과의 연애와 사뭇 다르다. 왜 그럴까? 단적으로 말하면 의대생들은 재학 중에 군대를 가지 않고, 6년간 쭉 동기들과 함께 강의를 듣고, 본 캠퍼스와 의과 캠퍼스가 분리되어 있는 학교가 많고, 대부분 10대를 치열하게 보내느라 연애 경험이 부족하기 때문이다.

의대에 진학하면 여자친구나 남자친구가 생긴다는 부모님과 선생님의 말씀을 철석같이 믿고 공부에만 집중했지만 입학한 뒤 그것이 다 새빨간 거짓말이었다는 것을 파악하는 데 그리 긴 시간이 필요하지 않다. 물론 연애는 개인차가 크며 누군가의 경험이 모든 것을 반영하지 않는다는 점을 미리 밝혀둔다.

의대생의 연애는 크게 캠퍼스커플과 외부 커플로 구분된다. 캠퍼스커플의 최고 장점은 힘든 의대생활을 함께 나눌 수 있다는 것이다. 서로의 사정을 잘 알기 때문에 모든 일정을 공유하며, 시험 기간에 같이 공부하는 등 힘든 시간을 함께 보낼 수 있다. 동기라면 항상 같은 캠퍼스에서 수업을 들을 수 있으니 사랑하는 사람을 자주 볼 수 있다는 장점을 가지고 있다.

단점이라고 한다면 의견이 맞지 않거나 때론 사랑이 식어 헤어지는 상황에서도 계속 마주쳐야 한다는 것이다. 또한 방학 같은 경우 출신지가 다르면 장거리 연애가 될 수 있다.

선배들은 항상 동기 간의 캠퍼스커플을 조심해야 한다고 하지만 사랑 앞에서 이 같은 조언은 귓등으로 흘려버리고 만다. 봄이 되면 따듯한 햇볕 사이로 불어오는 상쾌한 기운으로 동기 캠퍼스커플이 우후죽순으로 생긴다. 보통 학기 초 잦은 술자리나 동아리, 지역 향우회 모임 등에서 만남이 생긴다. 하지만 예과 1학년 때 생긴 커플의 대다수가 본과 진입 전에 헤어지고 불편한 사이가 되는데 그들이 바로 자신들에게 동기 커플은 되지 말라고 조언하던 선배가 되어버린다. 사실 캠퍼스커플을 말리는 선배들은 실제 경험을 통해 후배에게 조언하는 경우라고 할 수 있다. 헤어지고 나서야 동기 커플의 불편한 점을 절실하게 느끼기에 확신을 가지고 후배한테 조언하는 것이다.

물론 졸업할 때까지 만남을 이어가는 동기 커플도 있고, 이후 후배들의 축복을 받으며 결혼하는 커플도 있다. 그들 또한 20대의 가장 좋은 시절을 한 사람만 만나는 것에 대한 고민을 어느 정도 했겠지만 의사라는 직업에 대한 '이해'라는 측면에서 봤을 때는 자연스러운 결과가 아닐 수 없다.

그런 커플은 갓 입학한 순진한 예과생들의 전설이 되면서 동기 커플이 우후죽순 생기는 시발점이 되기도 한다. 모든 것을 감안하고 동기 커플이 되고자 한다면 경험이 있는 선배로서 한 가지 조언하고자 한다. 절대 모든 달걀을 한 바구니에 담지 말라는 것이다. 오래 지속되면 가장 이상적이겠지만 일시적인 마음으로 연애에 매몰되면 6년간 동기로 우애를 나눌 수 있는 기회를 잃게 될 수도 있다. 항상 학교생활과 연애의 균형을 잘 유지하는 것이 중요하다.

반면 선후배 커플은 동기 커플보다 예후가 조금 나은 편이다. 헤어지더라도 만날 일이 많지 않기 때문이다. 힘든 의대생활을 나눌 수 있고, 헤어지면서 만날 일이 많지 않다는 점이 동기 커플의 단점을 보완한 형태라고 할 수 있다.

캠퍼스커플의 단점을 잘 파악한 의대생들은 미팅이나 소개팅을 하기도 한다. 다른 과의 학생들과 만남도 기대할 수 있겠지만 의대생들은 교양 강의를 많이 듣지 않기 때문에 자연스러운 만남을 기대하기가 어렵다.

외부 커플의 경우 캠퍼스커플의 장단점과 대비된다. 사생활과 학교생활의 분리가 가능하다는 점에선 좋지만 서로의 생활을 이해하기 힘들다는 단점이 있다. 특히 본과에 진입한 뒤 팍팍한 공부량에 치이면 외부 연애가 힘들 때가 많다.

예과 때는 미팅 시즌이라 단톡방에 여러 미팅이 올라오고, 과 동기들이 원한다면 과팅을 경험해볼 수 있다. 과팅은 대개 고등학교 친구들이 소개해주는 것이 대부분으로 의예과에 국한되지 않고 다른 과나 다른 학교의 학생들과 만날 수 있는 기회가 된다.

하지만 그 특성상 술만 잔뜩 마시는 일회성 만남으로 그치고 만다. 자신이 술을 잘 마시고 게임도 잘하는 인싸 기질을 타고난 사람이라면 과팅에서 인기를 얻을 수 있을 것이다. 하지만 뭐든지 적당히 하는 것이 중요하며 선배들의 과팅 흑역사 이야기를 꼭 듣고 참가하는 것도 도움이 될 것이다. 그렇지 않으면 미팅 시즌 내내 "00대학교 의예과 애들은 이상하다"는 소문에 시달리며 미팅의 씨가 마를 수 있다.

본과로 진입하면 미팅 수가 점차 줄어들고 소개팅 수가 압도적으로 높아진다. 소개팅은 미팅과 다르게 일대일로 만나기 때문에 좀더 연애에 비중을 둘 수 있다. 소개팅에선 좋은 학벌이 매력으로 보일 수 있으며 대다수의 외부 커플은 소개팅을 토대로 이루어진 것이다. 소개해주는 이성을 보면 주선자가 자신을 평소에 어떻게 생각하고 있는지 알 수 있기 때문에 캠퍼스 내에서 연인을 찾을 생각이 없더라도 평소 이미지 관리를 잘하는 것이 중요하다.

선배의 사랑이 느껴지는 기출문제

학교 대대로 내려오는 기출문제는 선배들이 특정 학년을 다니면서 겪었던 수많은 시험 등의 자료를 정리하여 후배들에게 물려주는 방식으로 전해 내려오고 있다. 시험문제를 복기해낸 자료, 시험문제에 풀이까지 정리해 놓은 자료, 시험과 관련된 선배의 필기 자료 등 학교마다 정말 다양한 자료 들이 있으며, 학년별로 시험문제를 복기하고 기출문제 자료를 만들어 관리하는 팀이 꾸려진 학교도 있다.

해마다 많은 기출문제 자료가 생기다 보니 이를 체계적으로 관리하기 위해 인터넷 카페를 운영하는 학교도 있을 만큼 광범위한 의대 시험에서 이것은 의대생들에게 정말 중요한 자료다. 오죽하면 "기출문제가 없으면 망한다, 강의록보다 기출문제가 더 중요하다"라는 말까지 있을 정도다.

기출문제를 족보나 야마라고 하는데 족보는 괜찮아도 야마의 어원은 일본어로 유추되기 때문에 되도록 쓰지 않는 것이 좋겠지만 이미 널리 알려진 단어다. 학번 전체에서 공적으로 관리하는 족보 이외에도 동아리 내에서 혹은 친한 선후배 간에 이어지는 사적인 족보 또한 존재한다. 이는 선배들이 직접 정리한 자료를 친한 후배에게 전해주는 것이기 때문에 이를 나쁘게 바라볼 필요는 없다.

기출문제만 잘 학습해도 적당한 성적을 얻을 수 있다. 그래서 유급을 피하기 위해선 기출문제가 많이 나오는 과목과 그렇지 않은 과목을 잘 구분해서 전략적으로 공부하는 것도 하나의 방법이다.

다만 "유급을 피하려면 기출문제만 잘 보면 된다"는 선배의 말을 듣고, 의대 공부를 쉽게 여겨 방심하다간 큰코다칠 수 있다는 점을 명심하자. 특히 기출문제의 양 자체가 어마어마해서 결국 기출문제조차 제대로 보지 못하고 시험을 치게 된다는 웃지 못할 이야기도 들려오곤 한다. 겨우겨우

기출문제들을 잘 이해하고 암기했다 하더라도, 교수님의 마음에 따라 출제되는 문제가 달라지기 때문에 혼란에 빠질 수도 있다.

악습은 사라졌지만
여전히 남아 있을 수 있는 군기 문화

사실 의대의 선후배 관계는 매우 끈끈하지만 그만큼 군기가 있다고 표현할 수도 있다. 요즘은 각종 익명 커뮤니티의 발달로 의대 특유의 군기 문화가 많이 사라졌지만 지켜야 할 것은 지켜야 하는 규칙이 있다.

의대에 합격하면 그해 겨울에 대학교별 신입생 단톡방이 생긴다. 그리고 그것을 통해 동기들과 소모임을 갖는다. 혹시나 자신이 지망했던 학교에 지역이나 학교 선배가 있다면 그를 통해 여러모로 많은 정보를 얻을 수 있을 것이다. 이것은 의대에만 있는 문화가 아니다.

그리고 신입생 단톡방에는 소위 'X-맨'이라고 불리는 선배가 있기 마련이고, 단톡방에서 하는 행동들은 고스란히 선배들의 귀에 들어가게 된다. 그래서 "입학 전 신입생 단톡방에서는 아무 말도 하지 않는 것이 좋다"는 조언이 생겨났다. 입학하기 전 선배들이 자신에 대한 좋지 않은 선입견을 가지게 되면 학교생활을 시작하기도 전에 꼬이게 된다.

사회적으로 문제가 될 수 있는 선후배 문화는 동아리 혹은 향우회 같은 의대 내 모임에서 발생한다. 소수의 인원들만 모여 있고, 문제가 발생해도 새어 나가지 않을 정도로 은밀하고, 술자리가 잦기 때문이다. 행여 선배에게 부조리한 일을 겪어도 미래의 직장상사가 될 수도 있기에 누구에게 발설하지 못할 수도 있다.

하지만 앞서 말했듯이 각종 익명 커뮤니티의 발달과 의대 내 자정작용

의학과, 의예과 대나무숲 ✓
2019년 2월 18일 오전 11:00 · 🌐

#8759번차트 #학교
불과 몇살 더먹으신거 가지고 군기좀 잡지마세요
선배님들 맞이해드리는건 당연히 좋은일이지만 그 순수한 의미와 마음자
체가 중요한거 아닐까요
목소리 까신채로 각이 안맞는다느니 등등 사소한 트집 잡아가면서 계속
연습시키는 이유가 궁금할 따름입니다
환영식 끝나고 나서 다른분들께서 그 군기잡으신 분들 사실은 원래 그런
분들 아니고 남들이 하기 싫어하는 일 어쩔수없이 총대멘거라는 식으로
말씀하시던데 그럼 아무도 하기 싫어하는 그 시스템자체를 개선해야하는
것 아닌지요

실제 커뮤니티에 올린 제보 글로, 요즘은 선배들의 부조리한 방식을
이렇게 꼬집기도 한다. (출처 의학과, 의예과 대나무숲 페이스북)

의 결과로 현재 악습은 대부분 사라지는 추세다. 그리고 코로나 팬데믹으로 인해 그나마 남아 있던 악습들도 모두 사라졌다.

그리고 우리가 명심해야 할 것은 우리를 혼내는 선배들이 누군가에겐 귀여운 후배가 될 수 있다는 점이다. 혹시나 욱하는 마음에 병원 생활 꼬이게 해주겠다고 겁주는 선배의 말은 모두 허세일 뿐이니 크게 마음에 둘 필요는 없다.

사실 의대는 다른 과에 비해 조금 더 폐쇄적이고 더 끈끈하긴 하지만 인간관계는 똑같다. 서로를 배려하고 아무리 친한 사이에도 예의를 갖춘다면 선후배 관계에서 스트레스를 받을 일은 거의 없다.

행여 여전히 남아 있는 악습을 체험하게 되더라도 나중에 자신은 저러지 말아야겠다는 생각을 가져주었으면 좋겠다. 실제로 선배나 동기들이 이러한 가치관을 공유하고 있었기에 많은 악습이 사라질 수 있었다.

하지만 후배 또한 예의바르게 행동해야 한다. 선배는 예의바르게 행동

하는데 후배가 그렇지 못하는 경우도 있다. 그래서 단톡방이나 그 외 모임에서 주의해야 할 점을 정리했다.

- ✅ 누구와 얘기하든지 예의를 갖출 것
- ✅ 술에 취해 실수하지 말 것(술은 적당히 마실 것)
- ✅ 다른 사람을 비방하지 않을 것(특히 동아리 관련 발언 신중할 것)
- ✅ 선배에게 감사 인사 꼭 전하기(밥이나 술을 얻어먹었을 때는 특히 더)
- ✅ 선배에게 무리한 요구를 하지 말 것

이 중 다른 과나 동아리를 비방하는 것은 해당 동아리 선배들에게 상당한 미움을 받을 수 있으니 매우 조심해야 한다. 그렇다 하더라도 편안하게 선배와 후배가 처음 만나는 자리니, 후배는 선배 앞에서 주눅들 수밖에 없고, 심리적 부담감에 못 이겨 무리를 하는 신입생이 있기 마련이다. 하지만 위에 제시한 점만 주의한다면 학기 초 선배들의 입에 이름이 거론되는 것을 피할 수 있다.

의대 남학생이 군 문제를 해결하는 4가지 방법

앞에서도 잠깐 설명하긴 했는데 의대생이 재학 중에 입대하는 경우는 흔하지 않지만 군에서 면제가 되는 것은 아니다. 그래서 의대를 다니는 남학생이 군 문제를 해결하는 방법은 크게 현역, 보충역(사회복무요원), 공중보건의사, 군의관으로 나눌 수 있다.

현역으로 군 복무를 해결하는 경우 의대 재학 중에 휴학을 하고 군대를 다녀오는 경우가 보통이며, 비교적 짧은 기간에 군 문제를 해결할 수 있다는 장점이 있다. 2021년 기준 육군과 해병은 18개월이고, 해군은 20개월이고, 공군은 21개월이다. 그러나 동기들과 함께 학년을 올리가지 못하고 학업 기간이 난절된다는 점에서 많은 의대생들이 선호하는 형태의 군 복무는 아니다. 간혹 유급을 당한 학생이 현역으로 입대하기도 하지만 소수다.

보충역으로 복무하는 사회복무요원의 경우 현역과 달리 입영신체검사 결과 4급 판정을 받아야 한다는 조건이 있다. 사회복무요원도 입영 시기는 현역과 마찬가지로 재학 중 군 휴학으로 다녀오는 경우가 보통이다. 현역과 마찬가지로 보충역을 통한 군 복무는 의대에서 흔한 경우는 아니며, 대다수 남학생들이 공중보건의사나 군의관으로 군 복무를 해결한다.

의대생은 졸업 후 수련인턴, 레지던트 과정이 끝나고 늦은 나이에 입대를 하게 된다. 졸업한 뒤 대학 병원에서 수련을 받기 시작할 때, 수련을 받는 동안 병역을 연기하는 조건으로 '의무사관후보생'이 된다는 서명을 하게 된다. 이후 수련을 도중에 중단하거나 졸업하게 되면 이듬해 3월 군의관으로 병역 의무를 이행하게 된다.

공중보건의사는 의대를 졸업하고 의사 면허를 취득한 직후의 일반의 GP 또는 대학 병원의 수련 과정을 포기하여 전문의 과정을 밟지 않게 된 일반의가 주로 하는 군 복무 형태로, 농어촌 등 보건의료 취약 지역의 주민들에게 보건의료를 제공하기 위한 병역대체복무제도다. 입대 후 훈련소에서 4주간의 기초군사훈련을 마치고 지역의 보건지소 등에서 3년의 의무 복무 기간 동안 의료서비스를 제공하게 된다.

군의관은 대학 병원에서 레지던트까지 수료한 의사가 주로 하는 군 복무 형태로, 수련을 밟기 시작할 때 작성한 '의무사관후보생 지원서'에 따라 수련을 마치는 시점으로 입대 날짜를 연기하고, 수련이 끝난 후에 군 복무를 시작하게 된다. 전문의 시험에 불합격한 채 일반의로 군의관에 임관하는 경우는 소수이며, 대부분 전문의로 임관하여 8주 훈련을 거치고, 3년간의 의무 복무 기간을 거치게 된다. 의무 복무 기간이 끝났을 때, 전역하지 않고 직업 군인으로서 군의관의 길을 밟을 수도 있으나 대다수는 전역하여 사회에서 본격적인 전문의로서의 커리어를 시작한다.

의대생의 휴학과 유급

의대는 예과 2년, 본과 4년으로 총 6년의 교육과정을 받게 된다. 교육 기간은 길어도 다른 학과와는 달리 휴학을 하는 경우가 많지 않다. 물론 피치 못할 사정이나 건강상의 이유로 휴학하기도 한다. 이 외에 유급으로 인해 휴학을 하거나 남학생의 경우 3년의 군의관 시간을 단축하기 위해 군 복무를 현역으로 갔다 오는 경우도 있다.

휴학을 하려면 무엇이 필요할까? 다른 과와 동일하게 휴학계와 사유에 따라 필요한 서류가 요구된다. 예를 들면, 휴학계와 함께 질병 휴학이라면 진단서, 군 휴학이라면 영장을 함께 제출한다. 그 후에 담당 교수님과 면담을 진행하는데 휴학하는 이유에 대해 상담하는 것으로 딱히 붙잡는 경우는 없다고 전해진다. 의대의 휴학은 일 년 단위다. 다른 학교와는 달리 커리큘럼으로 인해 한 학기 휴학이 불가능하다.

의대만의 전통으로 유급제도가 있다. 의대는 유급제도를 통해 일정 수준 이상의 성적을 취득한 학생들만 다음 학기, 다음 학년으로 진급할 수 있다. 그렇다면 공부를 못하면 유급을 당할까? 어느 정도는 맞는 말이지만 꼭 그렇지만은 않다. 그보다 더 다양한 이유가 있을 수 있다.

유급의 기준은 무엇일까? 대부분의 의대는 2주마다 시험을 치른다. 시험을 못 보면 그 과목에 대해 재시험을 치른다. 재시험도 못 보면 그 과목에 대해 F학점을 받는다. 나머지 과목을 모두 A+를 받더라도 F학점이 한 과목이라도 나온다면 그 학생은 유급 대상자가 된다. 혹은 F학점을 받지 않더라도 평균 학점이 1.85점 미만이라면 유급 대상자가 된다.

그렇다면 '시험을 못 보다'의 기준이 무엇일까? 흔히 '섬'이라고 불리는 점수 분포가 동떨어져 있는 학생들에게 이 기준이 해당된다. 하지만 이는 명확하지 않고 유급 점수의 기준은 의과대학 교수, 학장의 재량이라고 볼 수 있다.

의대생은 6년의 교육과정 후 '의사국가시험'을 치른다. 국시의 합격률은 90% 이상으로 높은 수치를 보여준다. 하지만 본과 4학년 때 국시 모의고사에서 성적이 잘 나오지 않는 학생들은 유급을 당하게 된다. 이런 이유로 의사국가시험이 높은 합격률을 나타내지 않을까 예상할 수 있다. 이처럼 의대생들은 졸업하기 전까지 6년 내내 유급의 불안감 속에서 공부한다.

유급을 당하게 된다면 그 후는 어떨까? 의대는 커리큘럼 특성상 특정 과목을 재수강할 수 없다. 따라서 한 과목으로 인해 유급하게 되더라도 모든 과목을 다시 수강해야 한다. 물론 B학점 이상을 받은 과목은 재수강하지 않아도 되는 학교도 있다. 하지만 모든 과목을 재수강하든, 특정 과목만 재수강하든 일 년치의 등록금은 전부 다시 지불해야 한다. 일 년에 약 1천만 원에 해당하는 등록금을 지불해야 하기에 유급은 경제적인 면에서도 부담이 크다.

또한 함께 동거동락하던 동기들과 더 이상 함께할 수 없다는 문제도 크다. 일 년의 과정을 재수강해야 하기 때문에 한 학번 밑 후배들이 새로운 동기가 되어 수업을 듣게 된다.

유급의 비율은 어느 정도일까? 학교마다 또 학번마다 다르겠지만 매년 100명 중 5~10명이 진급하지 못한다. 이는 6년 동안 미끄러지지 않고 졸업하는 학생들이 70% 정도에 그친다는 의미다. 공부 좀 한다는 의대 집단에서 유급을 당할 수도 있다는 불안감에 시달려야 하는 것이다.

따라서 매 시험마다 의대생들은 유급을 피해 도망친다는 마음으로 공부를 한다. 하지만 재시험이라는 기회도 있고 도움을 주시는 분들이 많으니 매 순간 최선을 다한다면 유급에 대해 걱정하지 않아도 된다.

의대생의 캠퍼스라이프

의대는 대개 다른 과와 분리된 캠퍼스 생활을 하게 된다. 아예 의과대학 캠퍼스만 분리되어 있는 학교들도 많지만 그렇지 않더라도 전공과목의 압박과 특유의 폐쇄성 때문에 다른 과와의 교류가 거의 없다.

캠퍼스 생활을 하다 보니 기숙사를 이용하는 의대생들도 많다. 기숙사 사용 여부는 학교마다 천차만별이다. 하지만 본과에 진입하면서 대부분 병원 앞에서 자취를 하거나 병원에서 제공되는 의대생들만 사용하는 기숙사에 거주하게 된다. 기숙사의 가장 큰 장점은 가성비 측면을 제외하고 다양한 과의 룸메이트를 사귈 수 있다는 것이다. 의과대학은 다른 과와의 교류가 부족하기 때문에 기숙사 생활을 하지 않으면 사실상 접점률이 0%에 가깝다. 20대 초반의 나이에 다양한 친구들을 사귈 수 있다는 것은 분명한 장점이다. 하지만 삶의 질을 고려했을 때 자취가 더 좋다. 가끔 드물게

통학하는 친구들이 있지만 의과대학의 살인적인 스케줄에 대부분 굴복하고 만다.

의대생의 취미 활동은 다양하다. 워낙 공부량이 많아 공부 스트레스가 한계치에 도달할 수 있기 때문에 취미를 통해 그 스트레스를 풀어야 다음 공부에 정진할 수 있다. 온라인 게임을 즐겨하는 친구가 있는가 하면 각종 공연을 관람하는 관람 마니아도 있다. 온라인 게임의 경우 각 의과대학 학생회 차원에서 대학교 대항전을 주최하기도 한다.

남학생들의 경우 건강관리를 위해 웨이트 트레이닝을 하기도 하는데 대학 병원 앞 헬스센터에는 의과대학 학생들뿐만 아니라 수련의로 가득하다. 부산 지역 학생들은 근처 바닷가에서 서핑 등의 해양 스포츠를 즐기기도 한다.

의대생의 졸업 후 진로

의대를 졸업한 뒤의 진로에 대해 간단히 소개하고자 한다. 진로라는 것은 워낙 다양해서 모든 가능성을 다루지는 못한다. 남궁인 작가처럼 의사와 작가를 병행할 수 있고, 안철수 대표처럼 의대를 졸업하고 사업을 할 수도 있다. 이 책에서는 대다수의 의사늘의 진로에 대해 다룬다.

본과 4학년은 의사국가시험을 치른 후 졸업한다. 그리고 국시에 합격한 후 의사 면허가 발급되며 이들을 일반의라고 한다. 일반의에게는 직업적으로 2가지 선택지가 있다. 대학 병원에서 수련을 받고 전문의가 되는 것과 수련을 받지 않고 일반의로서 진료를 보는 길이다.

대학 병원에서의 수련

다른 나라와 차별되는 우리나라의 의료 특성상 대다수의 일반의는 대학 병원에서 수련을 받게 된다. 대학 병원에서의 수련은 인턴 1년 + 전공의 4년가정의학과, 내과, 외과는 3년으로 이루어진다. 전공의 수료 이후 대학 병원에 남아 펠로우로서 전문적인 세부 분야나 수술을 더 배울 수도 있다. 인턴 일 년을 수료한 뒤 인턴 점수와 전공의 시험 점수로 전공을 정하게 되고, 해당 전공의로서 수련을 받은 뒤 비로소 전문의가 된다.

우리가 길거리 병원 간판에서 볼 수 있는 특정과를 지목하는 경우 전문의에 해당한다. 현재 우리나라에는 내과, 외과, 소아청소년과, 산부인과, 정신건강의학과, 정형외과, 신경외과, 흉부외과, 성형외과, 안과, 이비인후과, 피부과, 비뇨기과, 영상의학과, 방사선종양학과, 마취통증의학과, 신경과, 재활의학과, 진단검사의학과, 병리과, 예방의학과, 가정의학과, 직업환경의학과, 핵의학과, 응급의학과 총 25개 전공이 존재한다.

이후 펠로우에서 임상 조교수가 되고, 임상 조교수에서 조교수가 되고, 조교수에서 부교수가 되고, 부교수에서 교수가 되는 단계를 거친다. 그 외에 소위 "페이 닥터"라고 불리며 가장 많은 비중을 차지하는 봉직의, 직접 의원을 열어 원장이 되는 개원의 등으로 나뉜다.

일반의의 진료

남들과는 조금 다른 길을 택하는 소수는 일반의로 남는다. 대다수가 수련을 받는 우리나라 의료계의 특성상 무시를 받기도 하지만 일반의 또한 의료 행위를 수행할 수 있는 엄연한 의사다. 일반의는 바로 취업 시장에 뛰어들어 요양병원, 응급실 등에 계약직으로 고용되거나 로컬의 미용병원 등에 고용된다.

부록

1 일반고 재학 중인 학생으로 교과 과목 평균점이
얼마 정도면 의예과에 진학할 수 있을까요?

절대적인 점수로 이야기할 수는 없다. 중요한 것은 상대적인 등수다. 입시에서 반영되는 것은 점수가 아닌 등수나 등급, 백분위이기 때문이다.

일반고 기준으로 살펴본다면 내신이 대략 전교 한 자리 등수에서 의대를 진학하는 것이 보통이다. 학교마다 전교 인원수가 다르고, 또 지역별로 학교의 수준이 다르긴 하지만 퍼센트로 이야기하면 일반적으로 상위 1~2% 정도로 생각하면 된다. 과목별로 올 1등급 혹은 2등급 1~2개 정도 있으면 이 정도 성적이 나올 것이다.

시험이 어려워 많이 틀리더라도 남들보다 성적이 좋으면 상관이 없다. 반대로 100점을 맞아도 남들이 100점을 많이 맞는다면 동점자 처리로 인해 1등급이 나오지 않을 수도 있다. 따라서 남들보다 한 문제 더 맞는 것이 매우 중요하다. 문제는 선생님이 내는 것이고, 시험 범위는 모두에게 동일

하기 때문에 등급 차이를 벌리기 위해서는 남보다 더 충실히 수업에 임하고, 남들보다 더 깊게 파고들어야 한다.

2 의예과와 의학과 차이를 알려주세요! 그리고 학교별 내신등급 성적을 알고 싶어요!

의과대학은 총 6년의 커리큘럼으로 이루어져 있다. 의예과예과는 기초과목을 배우는 과정으로 2년, 의학과본과는 임상과목과 실습을 배우는 과정으로 총 4년이다.

지금은 거의 없어진 의학전문대학원의전은 의학과본과 4년만 다니는데 의전을 들어가기 위해서는 다른 대학을 졸업하고, MEET라는 시험을 통과해야 한다. 따라서 의사가 되기 위해서는 통상 말하는 6년 의대 과정보다 더 긴 학업 기간을 보내야 하는 것이다. 의대와 의전은 입학전형이 다를 뿐 배우는 것이나 졸업하는 것은 동일하다.

의과대학에 입학하기 위해서는 당연히 최상위의 성적을 받아야 한다. 대학 입시전형은 크게 수시와 정시로 나뉜다. 수시에서 의대에 합격하기 위해서는 기본적으로 내신이 좋아야 하고, 전교 한 자리 등수나 상위 1~2%의 수험생들이 지원하고 합격한다. 하지만 경우에 따라서 논술을 잘하거나 스펙이 좋은 경우에는 내신 성적이 그보다 조금 떨어져도 역전할 수 있다.

정시는 뽑는 인원이 수시보다 적을뿐더러, 문제 하나로 입학할 수 있는 의대의 지역이 달라지기 때문에 정시 진입의 문은 매우 두텁다고 할 수 있다. 전국 의대는 총 40개로 학교마다 입시 결과의 차이는 그다지 크지 않지만 해마다 바뀐다. 2013년 수능에서 수학 한 문제를 포함하여 총 두 문제를 틀리면 울산의대에 합격할 수 있었고, 수학을 포함하지 않고 두 문제를 틀리면 연대의대, 그 이상으로 잘 보면 서울의대에 진학할 수 있었다. 대부분 성적에 맞춰 지원하기 때문에 입시 결과 사이트에서 제공하는 분석이 맞는 경우가 많다. 드물게 눈치작전으로 상향 혹은 하향 지원을 하면서 예상과 다른 결과를 얻기도 한다. 예를 들면 지원자가 많거나 적어서 점수가 부족해도 붙거나 점수가 남아도 떨어지는 경우가 있다.

성적으로 설명하자면 정시로 의대를 가려면 전체 1등급, 혹은 2등급 1개 정도면 가능하다. 최하위 의대는 서울대에서 입시 결과 가장 낮은 과와 비슷한 수준이라고 생각하면 된다.

③ 의대를 목표로 둘 경우 언제부터 준비해야 하나요? 또 의대 진학률을 비교했을 때 과학고와 일반고 중 어느 곳이 나을까요?

의대를 포함하여 소위 '스카이' 같은 좋은 대학을 갔던 사람들을 분석해 보면 중학교 때부터 공부를 시작한다. 여기서 말하는 공부란, 교육열이 높은 지역의 유명 종합학원에서 늦은 밤까지 학업에 열중하는 것을 의미한다. 학교 수업만으로 좋은 성적을 유지한다는 것은 아쉽게도 우리나라에서 현실적으로 불가능하다. 이것이 바로 사교육 시장이 활성화될 수밖에 없는 큰 이유다.

울산의대에 들어간 나의 경우로 설명하자면 나는 초등학교 때 동네 수학학원만 다녔지만 중학교 1학년부터 목동에 '하이스트'라는 유명 종합학원에 다녔다. 당시에는 특목고가 굉장히 유행하고 실제로 대학입시까지 특혜를 받았던 때라 중학교 1학년 때부터 고등학교 입시, 즉 고입을 시작했다. 학기 중에는 3시 반에 하교하면 잠깐의 간식 타임을 가진 뒤 4시에 목동으로 가서 5시부터 학원 수업을 받으며 12시에 집에 돌아왔다. 다시 간식을 먹고 학원 숙제를 하면서 새벽 2시에 잠들었다. 이런 일상을 중학교 3년 내내 반복했다. 물론 아쉽게도 특목고는 떨어졌지만 그 공부 습관과 선행 학습이 고등학교 때 큰 도움이 되어 수석으로 졸업할 수 있었다.

공부란 것은 마음먹는다고 바로 시작할 수 있는 것도 아니고, 시작했더라도 바로 공부 습관이 생기거나 공부 효율이 최대치를 이루지도 못한다. 그렇기 때문에 공부는 빨리 시작할수록 좋다. 초등학교 때부터 시작해도 괜찮지만 아직 공부에 대한 필요성을 느끼지 못할 어린 나이고, 또 공부 기간이 너무 길면 사춘기가 오면서 공부에 대한 거부감이 들 수 있기 때문에 중학교 때 시작하는 것이 가장 적당하다고, 개인적으로 생각한다.

고등학교 때부터 공부를 시작해서 의대에 진학했다는 경우도 드물게 있지만, 그것은 정말 희귀한 경우에 해당한다. 더 확실히 말하자면 오히려 더 일찍 공부를 시작했더라면 더 좋은 의과대학에 합격했을 수도 있다.

조기교육이나 사교육이 우리나라의 큰 문제점으로 지적되지만, 의대에 진학하기 위해선 반드시 필요한 것 같다. 의대의 경우, 절대로 학교 수업이나 교과서만으로 대한민국의 치열한 입시를 뚫을 수 없다.

과학고 같은 특목고에 대한 수요는 최근 들어 낮아졌고, 그 위상 또한 예전만큼 높지 않다. 물론 좋은 환경에서 좋은 교육을 받을 수 있다는 것은 장점으로 다가오지만 더 이상 입시에서 크게 도움이 되지 않는 상황이다.

특목고 특혜로 인한 차별 등이 사회적인 문제로 대두되어 이에 대한 견제로 경시대회나 외부 활동에 대한 제한도 많아졌다. 이러한 현상에서 단순히 좋은 대학을 가기 위해 특목고를 진학하겠다는 생각은 현명하지 못한 방법일 수 있다.

④ 사교육을 선택한다면 학원과 과외 중 어떤 것이 더 효과가 있을까요?

의대 입시를 떠나서 좋은 대학에 가기 위해서는 사교육은 필수다. 공교육만으로는 한계가 있고, 더 좋은 교육을 받을수록 성적이 올라가는 것은 당연지사다.

아무리 똑똑하더라도 독학만으로는 사교육의 효율을 따라갈 수 없다. 그렇다면 대표적인 사교육인 학원과 과외 중 어떤 것이 좋을까? 물론 학원과 과외는 각각의 장단점이 명확하고 사람마다 필요한 사교육의 수단은 다를 수 있지만, 여러 의견을 종합해봤을 때 과외보다는 학원이 더 낫다고 할 수 있다. 학원은 여러 학생이 수업을 듣는 곳으로 커리큘럼이 정해져 있다. 이해가 조금 부족하더라도 수업의 수준을 따라가야 하는 강제성이 있고, 그에 따라 발맞춰 가는 경향이 있다. 공부에도 어느 정도 강제성이 필요하다. 또한 공부는 혼자 하다 보면 힘들고 외로울 수 있지만 친구들이 있으면 힘을 얻을 수 있다. 특히 동기부여 측면에서 경쟁은 여러모로 좋은 영향을 미칠 수 있기 때문에 성적 향상에도 도움이 된다. 공부에서 중요한 요소 중 하나가 바로 경쟁심이다.

다만 학원 같은 경우 일대일 맞춤 교육이 아니기 때문에 수업 이해도가 부족하면 진도를 따라가지 못할 수 있다. 하지만 공부라는 것은 반복 학습이 도움이 되기 때문에 완전하게 이해를 하지 못하더라도 문제 푸는 능력을 기르게 되면 성적을 높일 수 있다.

그에 반해 과외는 강제성이나 경쟁심의 요소는 떨어지지만 이해하는 측면에서 보면 학원의 단점을 보완할 수 있다. 특히 자신에게 취약한 부분을 추가적으로 보강하는 측면에서도 도움을 얻을 수 있다. 물론 과외 선생님의 능력과 가치관에 따라 공부 효율이 달라질 수 있다는 점을 간과해선 안 된다. 비싼 돈을 지불하는 만큼 과외에 적합한 좋은 선생님을 선택하는 것이 좋다.

개인적인 의견이겠지만 사교육은 많이 받을수록 얻는 이득도 높다고 생각한다. 나의 경우 초등학교 때 동네 수학과 영어학원을 다녔고, 중학교 때는 유명 특목고 입시전문 종합학원에서 수학, 영어, 과학을 배웠으며, 고등학교 때는 유명 대입 입시전문 종합학원에서 수학을, 동네 학원에서 국어와 영어를, 그룹과외로 과학을 배웠다. 당시 영어가 부족하여 개인과외를 추가적으로 받기도 했다.

사실 개인적으로 학교를 다니는 것보다 학원을 다니는 것이 더 힘들었다. 살인적인 스케줄과 학습량 때문이었는데, 그것이 바로 지금의 나를 만들었다고 생각한다. 공부에서 좋고 나쁨은 없다. 공교육이든 사교육이든 어떻게든 공부를 많이 하면 되는 것이다. 그런 관점에서 학습량이 높은 사교육은 효율성이 높은 공부 방식이다. 이것은 어쩔 수 없는 현실이다.

⑤ 하루에 몇 시간 정도 공부해야 하나요?

하루에 몇 시간 정도 공부해야 하냐는 질문은 수많은 수험생에게 너무 많이 들었다. 그러나 이 질문은 사실 큰 의미가 없다. 공부는 당연히 많이 할수록, 같은 시간 내 효율이 높을수록 좋다. 빠른 시간 안에 이해하고 암기하고 시험문제에 적용하면 성적이 올라갈 것이다.

그렇다 치더라도 성적을 올리고자 더 알고 싶은 것이 수험생의 마음일 것이다. 그렇다면 의대생들은 고등학교 때 공부를 어느 정도 했을까? 쉽게 말하면 학교에서 보내는 시간이나 밥 먹는 시간, 잠자는 시간, 잠깐 쉬는 시간을 제외한 모든 시간에 공부를 했다. 절대적인 수치로 말하자면, 방학 기준 하루 12시간 정도 공부했다.

컨디션에 따라 최소 10시간에서 최대 14시간까지 공부했다. 스스로 공부 시간과 간격을 정했는데, 한번 집중하면 최소 30분에서 최대 3시간까지 공부했다. 이후 5~10분 쉬었다.

공부 시간 다음으로 중요한 것이 집중과 휴식이다. 즉 공부 간격을 말한다. 얼마나 깊고 길게 집중했고, 얼마나 효율적으로 쉬었는지가 공부 시간의 성과를 좌우한다. 이것은 사람마다 다르므로 각자의 상황이나 능력에 따라 조절해야 한다. 간격을 조절하기 위해 공부할 때 타이머를 사용하면 좋고, 공부를 방해할 수 있는 휴대폰은 무음으로 설정하고 가방에 넣어두는 것을 추천한다.

대개 수면 시간은 하루 6시간이다. 물론 이것보다 더 짧은 사람도 있을 것이다. 하지만 잠이 부족하면 집중력이 떨어지기 때문에 필요에 따라 낮잠 30분 정도를 자두는 것도 도움이 된다.

잠은 중독될 수 있는 것으로, 잘수록 더 자고 싶다. 하지만 일정 시간 이상부터는 수면의 효율이 없다. 8시간을 자든 10시간을 자든 몸의 피로가 풀리는 것은 거의 동일하다. 오히려 더 많이 잘수록 잠에 빠져버리게 되어 집중도가 떨어질 수 있다. 경험을 통해 결론을 말하자면 수면 시간은 5시간 이상이어야 일상생활을 온전하게 보낼 수 있다. 나의 경우 최대 효율을 낼 수 있는 지점이 6시간이라고 생각한다.

낮잠은 1시간 이상 자면 안 된다. 길게 잘수록 전체적인 수면 패턴이 망가질 수 있으며, 공부 시간을 뺏는 주범이기도 하다. 공부하다가 당연히 졸릴 수는 있지만 최대한 버티고 어떤 수를 써도 눈이 감기는 경우에 다다랐을 때 30분 눈을 붙이는 것이 가장 효율이 좋다. 체력이 약한 편이라면 아예 낮잠 시간을 정해놓는 것을 추천한다. 30분 잔다고 공부 시간에 부정적 영향을 미치지 않으며, 오히려 남은 공부 시간의 효율을 30% 이상 끌어올림으로써 전체적으로는 이득을 볼 수 있다.

식사 시간은 매 끼니 30분으로 정했고, 간식의 경우 15분만 허용했다. 그리고 무언가를 먹을 때 항상 너무 배부르지 않게 적당히 먹었다. 포만감은 졸음을 유발하는 가장 무서운 적이다. 인간은 필요한 정도만 먹으면 충분하기 때문에 배불리 먹는 것은 그다지 좋지 않다. 물론 음식으로 스트레스를 푸는 경우, 그때만큼은 자신이 먹고 싶은 것을 먹는 것도 괜찮다.

⑥ 성적이 비등할 경우 그 차이를 만드는 것은 무엇일까요?

입시에서 성적 외에 중요한 것은 없다. 그러나 성적이 비등할 경우 그 차이를 만들 수 있는 것이 생활기록부의 비교과 활동이다. 물론 전형에 따라 다르겠지만 일반적인 경우에 대해 설명하자면 이렇다.

비교과는 이교과를 제외한 모든 요소들로 자율활동, 봉사활동, 동아리활동, 진로활동, 독서활동 등을 말하는데 의대를 목표로 한다면 생활기록부에 의료와 관련된 기록이 있으면 좋다. 물론 없어도 상관없다. 그러니 맹목적으로 의료와 관련된 활동을 찾아다니며 시간이나 돈을 쓰는 것은 바람직하지 않다.

다만 고등학교 때 기회가 되면 의료와 관련된 활동에 참여하거나 시간이 있을 때 의료와 관련된 책을 읽고 감상문을 쓰면서 기록을 남기는 것은 좋다. 단순히 생활기록부에 기록을 남기는 것을 넘어서 의사의 삶에 대한 이해가 있으면 나중에 의사로서 소명을 다할 때 도움이 될 것이다.

하지만 현실적으로 의료와 관련된 활동을 찾는 것이 힘들 수 있다. 그럴 때는 자신이 의료 혹은 생명과학과 관련된 동아리에 들거나 아예 만드는 것도 하나의 방법이다. 거창하게 일을 벌일 필요는 없다. 자신이 할 수 있는 정도에서 최대한 활동을 하고 의미를 찾으면 된다. 의사가 되면 좋은 사람의 특성이 있다. 이것에 대해 숙지했다가 면접에 잘 표현하면 큰 도움이 될 것이다.

● 의사가 되면 좋은 사람

- ☑ 성실한 사람. 책임감 있는 사람. 의사로서 사명감이 있는 사람
- ☑ 도덕적인 사람, 무언가를 끈기 있게 해낼 수 있는 사람
- ☑ 공부를 잘하는 사람, 잘 외우는 사람, 사람을 좋아하는 사람
- ☑ 준비성이 있는 사람, 계획적인 사람, 매사에 철두철미한 사람
- ☑ 이해심이 있는 사람, 봉사할 수 있는 사람
- ☑ 창의적이기보다는 보수적인 사람, 논리적인 사람
- ☑ 남의 말에 경청하는 사람, 일처리가 빠른 사람, 결단을 내릴 수 있는 사람
- ☑ 말을 잘하는 사람, 의사라는 직업에 자부심을 느끼는 사람

7 의대를 진학했지만 적성이 맞지 않아 그만두는 학생들이 있나요(예를 들어 성격상, 취향상, 환경상)?

전국적으로 몇몇의 경우를 빼고는 없다고 생각하면 된다. 우리나라에서

의사로 산다는 것은 일정 수준의 고소득과 사회적인 위치를 보장한다. 물론 학업이나 수련이 힘들고, 또 적성에 맞지 않을 수도 있지만 그것보다는 현실적인 조건이 더 크게 와 닿기 때문에 중도에 그만두는 사람은 없다.

설령 적성이 맞지 않는다고 해도 인간은 사회적인 동물이라 그것이 일상이 되면 어느 정도는 맞출 수 있다. 더군다나 공부량이 많고 학업이 어렵다고 그만두는 경우는 거의 없다.

성적이 너무 좋지 않아서 유급을 당하거나 적성이나 환경상의 이유로 휴학을 하는 경우는 종종 있지만 보장된 미래의 기회를 제 발로 차는 경우는 없다. 다만 정말 공부를 못하여 유급을 여러 번 당해 제적을 당하는 경우는 드물게 있으며, 의료 외의 길을 가려는 사람들이 중도에 그만두기도 한다.

하지만 이 경우도 일단 의사 면허를 취득하는 경우가 대부분이다. 따라서 어떤 이유에서든지 의대를 진학했다가 그만두는 경우는 없다고 보는 것이 현실적이다.

⑧ 의과대학이 아니라 의학전문대학원에 진학하는 이유를 알고 싶어요!

의학전문대학원의전원은 의사를 양성하는 교육기관으로, 이공계 등 다른 전공을 이수했지만 의사가 되고 싶은 학생들을 위해 설립된 전문대학원이다. 의사라는 직업을 갖기 위한 일반인의 진입 장벽을 낮추고, 다양한 학문 배경과 사회경험을 가진 의사를 양성하며, 학생의 선택권을 확대한다는 취지로 2005년 처음으로 시작됐다. 대학 졸업자학사 이상의 학력을 가진 사람들이 입학할 수 있으며, 기본적으로 의학교육입문검사Medical Education

Eligibility Test, MEET를 치러야 한다.

　달리 말하면, 의대 입시에는 실패했지만 의사가 되고 싶은 사람이 의전원을 준비하는 경우가 있고, 또 다른 전공을 배우다가 의사의 뜻이 생겨 준비하는 경우가 있다. 현실적으로 말하자면 전자의 경우가 많다. 그만큼 의대 입시를 뚫기 힘들다는 것이고, 의사라는 직업이 좋다는 것을 의미한다.

의대, 그것이 너무 알고 싶다

대학별 입시 팁이 있을까?

아쉽게도 대학별 의대 입시 팁은 없다. 요령을 피워 갈 수 있는 관문이 아니다. 물론 어느 대학은 자기소개서에 더 치중하고, 어느 대학은 생활기록부를 꼼꼼하게 체크한다는 소문이 있지만 무조건 성적순이다. 의대 합격생들도 수능 성적에 따라 의대에 지원한다. 오로지 성적만을 보니, 좋은 의대에 들어가기 위해선 무조건 공부해야 한다.

현역 vs 재수

가장 바람직한 상황이 고등학교 3학년 때 좋은 성적을 얻어 단번에 의대에 입학하는 것이다. 하지만 그렇지 않은 경우 재수를 할 때가 있다. 그래서이 단락에서는 재수를 고민하거나 현재 재수 생활을 하는 분들에게 도움이 되고자 현역과 재수 생활의 차이점을 이야기하고자 한다.

만약 그 해에 좋은 수능 점수를 얻지 못한다면 재수를 고려해볼 수 있다. 재수를 시작하기 전 재수학원, 기숙학원, 자습학원, 독학 등 어떻게 공부할지를 정해야 한다. 일 년이란 시간이 길 것 같지만 다양한 방법을 시도하고 적응하기에는 짧다. 우선 자신의 의지를 객관적으로 판단한 후 결정하길 바란다.

현역은 전 과목을 골고루 공부해야 하는 반면, 재수할 때는 내가 부족한 과목에 조금 더 시간을 투자하여 효율적으로 공부할 수 있다. 이와 비슷하게 현역은 수능 공부와 함께 고등학교 수행평가와 내신 관리에 신경 써야 하지만 재수할 때는 모든 시간을 수능 공부에 집중할 수 있다.

재수 때 수능을 준비하면서 가장 필요한 것은 '좋은 문제' 자료를 얻는 것이다. 좋은 문제는 수능에 출제될 법한 공신력이 있는 문제다. 또한 오류가 없어야 한다.

예를 들면, 역대 수능 문제나 6월과 9월 평가원 모의고사 문제가 '좋은 문제'라 할 수 있다. 이 문제들은 현재 자신의 실력을 알아볼 수 있고 공부를 할 때에도 최고의 교재라고 생각한다. 현역은 아직 풀어보지 않은 '좋은 문제'가 많지만 재수 때는 한 해 전에 이미 '좋은 문제'를 대부분 풀어보았기 때문에 학습 자료가 부족할 수 있다.

자칫 오류 있는 문제를 접하게 되면 기존 개념도 헷갈리고 잘못된 학습을 할 위험이 있다. 따라서 인증된 문제를 얻기 위해 재수생들은 대치동을 다시 찾는다. 혹은 대형 강의를 듣기도 한다.

그리고 모의고사를 볼 때 현역은 학교에서 함께 볼 수 있어 자신의 성적이 어느 정도인지 파악할 수 있는 동시에 실전 감각을 기를 수 있는 좋은 기회를 갖는다. 하지만 재수를 할 때는 이런 기회가 많지 않기에 발품을 팔아 학원을 다니며 모의고사를 보거나 자신의 모교에 신청해 모의고사를 치러야 한다.

현역에 비해 다소 불리한 상황처럼 보이지만 재수생들에게는 가장 큰 장점이 있다. 바로 경험이다. 아무리 현역 때 많은 시뮬레이션을 했다고 하더라도 직접 수능장에서 느꼈던 경험과는 다르다. 수능장에 대한 걱정과 긴장감을 경험한 후 일 년 동안 그 경험을 토대로 준비할 수 있다는 것은 큰 자산이 될 수 있으니 잘 활용하기 바란다.

누군가는 현역 때 수능장에서 손이 떨릴 정도로 긴장감이 컸는데 재수 때는 부담감만 클 뿐 긴장감을 느끼지 못했다고 한다. 물론 이 부분은 사람마다 차이가 있다.

"충분히 준비하고 지난 시간을 후회하지 않을 때까지 공부했을 때 여유가 생긴다"라는 말도 맞는 것 같다. 지나고 나니 자신의 노력만으로 결과를 100% 이루어낼 수 있는 시간은 오직 수험 생활뿐이었던 것 같다. 모두 후회 없는 수험 생활 보내고 자신이 원하는 대학에 진학하기를 진심으로 바란다.

빅5 의대와 대학 병원

의대를 목표로 공부하는 학생들과 의대생이 꼽는 빅5 의과대학교가 있다. 바로 서울의과대학교서울대병원, 연세의과대학교세브란스병원, 울산의과대학교서울아산병원, 성균관의과대학교삼성병원, 가톨릭의과대학교성모병원다. 서울의대는 서울대이므로 당연히 명실상부 1위다. 2위는 세브란스병원과 연계되는 연세의대인데 그 다음부터는 순위를 매기기 어려울 정도로 비등하다. 그리고 빅5 대학 병원도 이와 같은 순이다.

의과대학은 연결된 병원이 매우 중요하게 작용한다. 예를 들어 한양의과대학교는 한양대 자체는 꽤 높은 순위를 점하는 대학교지만 한양대병원이 다른 대학 병원에 비해 작아서 빅5에 들지 못한다. 하지만 인서울이고, 종합대학 자체도 좋아서 서울권 의대로서 꽤 높은 순위를 받는다.

전국 의과대학 분포도

2021년 기준 전국의 의과대학과 의학전문대학원은 총 40개다. 서울에는 8개의 의대가 있고, 다음으로는 충청/대전(7개), 경남/부산/울산(6개), 경북/대구(5개) 순이다. 경상도에만 총 11개의 의대가 있다. 참고로 의학전문대학원의전원은 점차 사라져 2021년 기준 차의과대학만이 유일하다.

의대 지역과 실제 공부하는 곳은 다를 수 있다. 의과대학 캠퍼스나 직속 대학 병원이 다른 지역에 있으면 그곳에서 수업을 듣거나 실습을 돌게 된다. 예를 들어 울산의대는 예과 1학년만 울산대학교 본 캠퍼스를 다니고, 예과 2학년부터 서울 잠실의 서울아산병원에서 수업을 듣고 실습을 돈다. 인제의대는 부산에 본 캠퍼스가 있지만, PK 실습 때는 서울백병원이나 일산백병원에서 공부한다. 이건 의대마다 다르므로 자신이 어느 대학에 지원할지를 정확히 판단한 후 알아보는 것이 가장 좋다.

전국 의대를 얘기할 때 순위 얘기를 많이 하는데 의사로서 활동하면 그것이 큰 의미가 없다고 할 수 있다. 사회에 나오면 의사로 인정을 받기 때문이다. 문제는 실력이다. 아무리 좋은 타이틀을 가지고 있다고 해도 실력이 좋지 못하면 환자에게 외면을 당할 수 있다. 어느 자리에서든 자기 실력을 쌓는 것이 우선이다.

솔직히 대학보다 추후 무슨 과를 전공할 것이냐가 더 중요한 요소로 작용한다. 이것이 앞으로 어떤 인생을 살아가느냐로 이어지기 때문이다.

물론 모교의 병원에서 인턴이나 레지던트로 일하게 되면 특혜를 받을 수 있다. 병원은 생각보다 학연이 강하게 작용하는 곳이다. 물론 혈연은 어느 곳에서나 제일 강하게 작용하는 요소가 되기도 한다.

다만 우리가 흔히 말하는 '의대 순위'가 아예 의미가 없는 것은 아니다. 그 순위를 정하는 요소로는 '대학 네임 밸류', '직속 대학 병원', '뽑는 인원', '지역 생활', '의대 교육 수준' 등이 있다. 의대를 떠나서 그 대학이 좋을수록, 직속 대학 병원이 좋을수록, 원하는 과를 갈 수 있는 가능성이 높을수록, 대학이 수도권에 있을수록 더 좋다고 평가를 한다. 그리고 대학이 서울이나 수도권에 있을수록 생활 측면이나 교육 수준에서 더 좋다는 것도 부인할 수 없는 사실이기도 하다.

이렇듯 여러 측면을 고려해서 의대를 선택하는 것이 가장 좋지만 의대

의과대학/의학전문대학원 전국 분포도

지역	의과대학/의학전문대학원
서울	가톨릭대, 경희대, 고려대, 서울대, 연세대, 이화여대, 중앙대, 한양대
경기/인천	가천대, 성균관대, 아주대, 인하대, 차의과학대
강원	가톨릭관동대, 강원대, 연세대(원주), 한림대
대전/세종/충청	건국대(글로컬), 건양대, 단국대, 순천향대, 을지대, 충남대, 충북대
대구/경북	경북대, 계명대, 대구가톨릭대, 동국대(경주), 영남대
광주/전남	전남대, 조선대
전북	원광대, 전북대
부산/울산/경남	경상대, 고신대, 동아대, 부산대, 울산대, 인제대
제주	제주대

는 상위권 중에서도 최상위권끼리 1~2점을 다투어 경쟁을 하는 곳이므로 별다른 선택권 없이 점수에 맞춰 가게 되는 것이 현실이다. 이런 관점에서 생각해보면 '의대 순위'가 생기는 것은 어쩔 수 없는 현상인 것 같다.

수도권 의대 vs 지방 의대

위에서 말했듯이 의대가 서울이나 수도권에 있을수록 대체로 좋다. 그렇다면 구체적으로 어떤 차이가 있을까? 표면적으로는 생활적인 측면에서 차이가 크다. 한 예로, 서울에서 태어나 대치동에서 학원을 다녔던 학생이 지방 의대에 합격했는데 가보니 지하철이 없어 충격을 받았다고 한다.

서울에서는 곳곳에 영화관이나 백화점이 있지만 지방에서는 30분 동안 버스를 타고 시내를 가야 영화관이 하나 있을 정도다. 또 그 시내가 유일한 번화가일 수 있다. 지방이라도 큰 도시 주변에 있다면 그나마 다행이지만 의대의 경우 정말 시골구석에 있는 경우도 있다. 그런 곳에서 생활하다 보면 공부에 치여 본가에 갈 시간도 없다 보니 방학 때 볼멘소리를 내비치기도 한다.

물론 장점도 많다. 공기가 맑고, 식물과 함께하며 나름 여유로운 마음을 가질 수 있다. 모든 것은 장단점이 있기 마련이다. 여기까지만 보면 수도권 의대와 지방 의대의 차이는 단순히 수도권과 지방 차이라고 볼 수 있다. 이건 수도권 집중 현상으로 어쩔 수 없다.

하지만 진짜 수도권 의대와 지방 의대의 차이는 따로 있다. 바로 대학 병원과 의대 문화, 교육의 질 차이다. 현실적으로 수도권에 있는 의대가 대학 병원도 수도권에 있고, 의대 문화가 선진적이며, 교육의 질도 좋다. 수도권이라서 이러한 것들이 좋다고 말하기는 어렵고, 그냥 결과적으로 봤을 때 그렇게 됐다.

앞에서 의대가 아니라 과의 선택이 더 중요한 요소라고 했지만 사실 여러분에게 선택권이 있다고 한다면 수도권 의대를 고르라고 하고 싶다. 참고로 전국 의과대학별로 의대생들을 모두 만나 대화를 나눠보고 그에 따른 종합적인 의견이다.

의과 생활 vs 다른 과 생활

의과와 다른 과의 차이는 먼저 학년 기간이라고 할 수 있다. 먼저 의과는 6년제고, 다른 과는 4년제다. 의학과의 과목은 앞에서 많이 설명했기 때문에 다른 과를 보자. 다른 과의 경우 대부분 1학년 때 전공과 관련한 기본 과목 및 기초 교양예를 들면 대학수학, 일반물리학, 대학영어, 대학국어 등을 익히고, 2~4학년의 기간 동안 본격적인 전공을 배우게끔 구성되어 있다.

또 다른 차이점은 의과의 경우 본과 3학년과 4학년에 병원에서 실습을 진행하지만 다른 과의 경우 실습 수업이 있긴 하지만 매우 짧다. 이런 차이점은 의과가 '의사'라는 직업에 맞춘 교과과정을 갖고 있는 것과 달리, 다른 과는 전공에 대한 교육을 받을 뿐 구체적인 직업이 정해져 있지 않기 때문에 발생한다.

예를 들어, 공과대학에서 기계공학을 전공했다고 해서 자동차회사로 진로가 정해져 있는 것은 아니다. 반도체회사, 자동차회사, 대학원 진학 등 자신이 배운 전공 공부를 취업이나 진로에 응용하는 시간은 교과과정에 포함되어 있지 않다. 반대로 의과는 '의사'를 양성하는 것을 목표로 하는 교과과정을 갖고 있기 때문에 대학 공부와 직업인으로서의 준비 과정이 합쳐져 있고, 병원이라는 구체적인 직무 공간에서 2년에 가까운 시간 동안 실습을 진행한다.

학생이 겪는 학업 부담과 시험 횟수에 있어서도 큰 차이점을 갖고 있다. 학업의 양은 학교 및 개별 학과마다 차이가 큰 편이라 주관적인 잣대로 비교할 수는 없겠지만, 졸업할 때 요구되는 학점 수로만 비교하더라도 일반 학과의 경우 1~4학년 동안 대략 130학점을 취득하면 졸업 자격을 얻는다.

반면 의대의 경우 학교마다 편차는 있지만 의예과와 의학과를 합쳐 240~260학점을 취득해야 졸업 자격을 얻을 수 있다. 단순히 학점으로만 비교하더라도 2배의 학습량을 가지고 있는 것이며, 당연히 시험도 2배 넘게 치러야 한다는 의미다.

병원 실습을 시작하기 전인 본과 1~2학년 기간에 학습량의 많은 부분이 집중되어 있다는 점을 생각해보면 의대 본과생이 겪는 학업과 시험에 대한 부담이 다른 과 학생에 비해 클 수밖에 없다.

「의대생 TV」를 구독하는 분들의 FAQ

유튜브 채널 「의대생 TV」는 의대생의 일상을 공유하는 콘텐츠를 만든다. 멤버는 전부 의대생으로, 의대생들의 공부법과 의대 입시 전략, 일상생활, 실습 브이로그 등의 콘텐츠로 이루어져 있다.

「의대생 TV」 구독자들은 많은 질문을 올려주시는데 그중 가장 궁금해하는 질문들만 모아서 이 책을 통해 답변을 드리고자 한다.

① 피 보는 게 무서우면 의사 되기 힘든가요?

결론부터 말하면 'NO'다. 물론 피 보는 것을 좋아하는 사람은 없다. 그리고 의사들도 의대생 시절 피를 보는 것을 무서워하거나 기피하기도 하지만 반복을 통해 익숙해진다. 피보다 더 무서운 것이 출혈로 인해 환자 상태가 악화되는 것이다.

그래서 사람마다 반응이 다르기 때문에 피를 보는 것에 익숙해지지 않고 계속 두려운 마음이 든다면 피를 보지 않는 과를 지원하면 된다. 환자 진료를 하지 않고 연구만 하는 의사들도 있다. 따라서 피 보는 게 무섭다고 의사가 되기 힘들다는 것은 맞지 않다. 만약 힘들다고 해도 피를 보지 않는 과도 있으니 의사가 되는 데는 문제가 없다.

② 수학을 못해도 의사가 될 수 있나요?

의사가 수학을 잘할 필요는 없다. 수학을 잘한다고 의사 인생에서 도움을 받을 때는 의학통계학을 배우거나 논문을 쓸 때 말고는 거의 없다. 나중에 개원을 하거나 집을 살 때 수학이 요긴하게 쓰이기는 하겠다.

다만 아이러니하게도 의대를 진학하기 위해서는 수학을 잘해야 한다. 그래서 의대생이나 의사들은 수학을 잘하는 편이다.

③ 영어를 잘해야 의사가 될 수 있나요?

영어는 수학과 달리 잘하면 큰 도움을 받는다. 일단 수학의 경우와 마찬가지로 의대를 진학하기 위해선 전 과목을 잘해야 하므로 다들 기본적으로 영어를 잘하는 편이다. 그 수준만 되어도 의대 공부를 하는 데는 문제가 없다.

하지만 영어를 잘할수록 더 도움이 된다. 의대 전공서적은 영문판이 많고 영어를 잘해야 읽을 수 있기 때문에 영어는 매우 도움이 된다. 그리고 잘 알다시피 의학 용어는 영어가 대부분이다.

다시 한 번 강조하지만, 영어는 잘할수록 도움이 된다. 사실 이건 의대를 떠나서 우리 인생에서 통용되는 말이기도 하다. 의대 졸업 요건이나 인턴, 레지던트 지원 때 괜히 토익점수를 넣는 것이 아니다.

④ 의대에 진학하고 후회한 적은 없나요?

중간중간 힘든 적이 많았지만, 결과적으로는 없는 편이다. 가끔 의대에 와서 후회한다는 말을 하는 사람들이 종종 있는데, 그 사람들도 내심 의대에 와서 좋다는 생각을 할 것이라고 생각한다.

물론 의대 과정이 힘들고, 어떻게 보면 정해진 길을 가야 하는 것이 아쉬울 수 있지만, 그에 비해 우리가 얻을 수 있는 경제적 보상과 안정적인 삶은 무엇과도 비교할 수 없을 정도의 가치를 지닌다. 긴 6년의 의대생활과 고통스러운 4~5년의 인턴, 레지던트 과정은 혹독할 수 있지만, 그에 걸맞은 보상을 받을 수 있다.

다만 가끔 의사를 '적폐'로 몰아가는 사회적 분위기를 느끼면 씁쓸한 것은 어쩔 수 없는 듯하다. 그래도 대부분의 의대생들은 의대 진학을 고민하는 고등학생들에게 가능하다면 의대를 진학하는 것이 좋을 것이라고 조언한다.

⑤ 의학 드라마랑 실제 의사 생활이랑 비슷한가요?

절대 아니다. 우스갯소리지만, 의학 드라마 주인공들처럼 잘생기고 예쁜 사람은 많이 없다……. 그리고 시즌제로 가고 있는 「슬기로운 의사생활」에서 배우 유연석 씨가 소아외과 의사로 나오는데, 우리나라 소아외과 의사는 전국에 50명 정도밖에 없다. 여기서 말하고 싶은 핵심은 드라마의 연출적인 요소로 다소 과장된 부분이 있으니 환상에 너무 몰입하지는 말자는 것이다.

하지만 실제 임상 현장을 최대한 반영하려는 드라마들도 많고, 실제로 의대생이 봤을 때도 리얼하게 다가오기도 한다. 의학 드라마로 인해 많은 사람들이 의료인에게 친근감을 느끼는 것은 좋은 현상이라고 생각한다.

솔직히 의대생으로서 어느 정도 현실을 알고 있는 상황에 왜 의학 드라마에 사람들이 열광하는지를 이해가 가지 않지만 탄생과 죽음 그리고 생명을 다루는 등 모든 희로애락이 담겨 있어 그만큼 신비롭기 때문인 것 같기도 하다.

의대생이 바라는 것은 이런 드라마를 통해 많은 분들이 의료인에 대한 선의를 가지고, 많은 학생들이 의사에 대한 꿈을 가졌으면 한다.

● **의대생활 10계명**

- ✓ 버티는 것이 곧 승리하는 것이다. 이 또한 지나가리라.
- ✓ 동기와 사이좋게 지내고, 최소한 적은 만들지 말자.
- ✓ 선배들의 족보(기출문제)는 매우 중요하다.
- ✓ 작은 것 하나하나에 연연하지 말고, 항상 크게 보려고 노력하자.
- ✓ 학생일 때 최대한 많은 것을 해보자.
- ✓ 내가 힘든 만큼 내 미래는 빛날 것이다.
- ✓ 최소한 남들이 하는 만큼만은 하자.
- ✓ 어떤 의사가 되고 싶은지 생각하면서 살자.
- ✓ 시간을 헛되이 보내지 말자.
- ✓ 지금 이 순간도 나중에는 소중했던 추억이 될 것이다.

해외 의대는 어떨까?

해외 의대 진학을
고민하시는 분들에게

현재 대한민국에서 의사가 되는 관문은 3가지 방법이 있다. 첫 번째는 가장 정통적인 방법으로 의과대학에 입학해 6년제 과정을 거쳐 의사국가시험에 합격해 인턴이나 레지던트를 밟는 것이다. 두 번째는 의학전문대학원에 입학해 4년 과정을 거친 뒤에 의사국가시험에 합격하고 이후 전자와 같은 패턴을 걷는 것이다. 그리고 나머지 하나가 해외 의과대학에 입학하는 것이다.

사실 국내 의대 진입이 매우 어렵기 때문에 해외 의대로 방향을 돌리려는 학생들도 있을 것이다. 현재 국내에서 의사 면허 취득이 가능한 해외 의대는 전체 32개국의 120개 의대다. 그들에게 도움을 주고자 현재 뉴질랜드에서 의과대학을 다니고 있는 의대생의 이야기를 들려주고자 한다. 해외 의대를 생각하는 누군가에게 도움이 되었으면 한다.

뉴질랜드 의대생의 하루

나는 현재 영국보다 영국인이 많은 크라이스트처치라는 뉴질랜드 남섬 도시에서 본과 4학년을 '살아내고' 있다. 타지에서의 생활은 유튜브에서 흔히 보이는 유학 브이로그에서 낭만 두 스푼 뺀 느낌이다. 잘생긴 하이틴 인턴 쌤들은…… 흔하지 않다 못해 멸종 위기다. 그래도 괜찮다. 사계절 내 내 아침의 맑은 공기를 마시며 출근하고 저녁에는 석양의 붉은 빛깔로 덮인 하늘을 보면서 퇴근하는 재미가 있다. 물론 당직인 날엔 석양보단 밤하늘의 별들이 반기고 있다.

외국에서의 의대는 한국만큼 절차가 복잡하고 다양하다. 미국 같은 경우엔 4년제 학사 과정을 졸업한 후 의학전문대학원에 입학을 하기 때문에 이 과정만 최소 8년이 소모된다. 영국 같은 경우는 'A Level'이라는 고등학교 커리큘럼 성적과 인터뷰 그리고 자소서가 필요하다.

내가 있는 학교는 뉴질랜드 의과대학Bachelor of Medicine and Bachelor of Surgery 2개 중 하나다. 한국처럼 예과와 본과를 갖춘 의과대학으로 바로 진학하는 것이 아니라 1학년은 'Pre-medicine'으로 의과대학이 아닌 의대에 합격하기 위해 경쟁해야 하는 구조다. 물리, 화학, 생화학, 해부학을 포함한 기초의학과 과학 과목들을 매우 좋은 학점으로 이수하고(대부분은 GPA 4.5/4.5 정도의 성적을 받고 의과대학에 합격한다) 적성시험에서 성적을 합산하여 진입한다.

의과대학에 합격하면 2~3학년은 예과로 기초의학과 임상 맛보기(?)를 배우고 4~6학년은 본격적으로 임상 의학을 배우면서 실습을 병행하게 된다.

2~3학년은 흔히들 아는 카데바 실습, 생리학, 약리학 등을 배우면서 보낸다. 나만 그런 건지는 모르겠지만 땡시를 위해 열심히 중얼거리면서 외

웠던 해부학은 머릿속에서 증발해버린 지 오래다. 4~5학년은 임상 의학을 배우면서 국시를 준비해야 하기에 매일 실습이 끝나면 도서관으로 달려가 공부와 과제에 쏟을 시간을 더 확보하려 하니 쉽지만은 않았다.

한 가지 좋은 점은 의대에서의 과도한 시험 점수 경쟁을 지양하기 위해 Pass/Fail로 성적이 바뀌었다. 마지막 학년은 실습과 과마다 다르지만 보통 주마다 5~15시간 정도의 최소량의 수업을 듣는다. 말만 실습이지 인턴의 업무를 익히고 배워야 하기에 주 1회 당직은 기본, 생사의 접경에 있는 환자들을 자주 마주하기도 한다.

한국과 달리 실습의 '끝'은 종강을 의미함으로 비가 오나 눈이 오나 국시가 오나 실습은 계속 이어진다. 4~5학년에 걸쳐 내과, 외과, 마이너과, 소아과, 산부인과, 정신과 등을 돌면서 블록제로 2~6주마다 시험을 보게 된다. 5학년 때 블록제와 같이 병행하면서 국시를 준비해야 되기 때문에 5학년은 의과대학의 가장 어려운 관문이라고도 할 수 있다. 6학년 때는 4~5학년때 돌았던 과들을 다시 돌게 되는데 인턴의 일을 배우는 게 주 업무다.

졸업 후에는 인턴 생활을 하면서 내과와 외과를 약 12주간 돌면서 2년을 보내게 된다. 그 후에는 전공의의 과정으로 들어갈 수 있는데 한국처럼 정해진 루트가 많이 없다. 외과 같은 경우는 수련을 받지 않은 '전공의non-trainee registrar' 과정을 몇 년씩 거치고 논문이나 특허 같은 실적, 시험 점수, 면접 그리고 인맥이라는 경력을 쌓은 뒤 비로소 '연수 프로그램training program'에 들어갈 수 있다. 그 후 최소 5년이라는 전공의 과정과 펠로우를 거치면 전문의가 된다. 수련 과정이 말만 5년이지 젊으신 교수님들은 자녀들이 유치원생이거나 초등학생인 걸 보면 한국보다는 확실히 수련 기간이 2~3배는 더 긴 거 같다.

마지막 학년에는 52주 중 48주 정도를 실습을 돌면서 생활한다. 본과 4학년의 하루 일지다. 5시 반에서 6시 사이에 약 10개의 알람이 울리면 나의 비자발적 미라클 모닝이 시작된다. 일어나자마자 아침으로 계란간장 비빔밥에 참기름 두어 스푼을 넣어 비벼 먹고 씻는다. 어차피 병원에 도착하자마자 수술복으로 갈아입으니 옷은 어제랑 겹치지 않게만 입어준다.

아침 7시가 되면 빨빨거리며 시속 6km/hour에 경보를 해서 전공의 선생님들이 오시기 전에 회진 장소에 도착해야 한다. 아침에 가장 중요한 아이패드로 OBS^{perational bioinstrumentation system, 생체 계측 시스템으로 혈압과 체온 등 바이탈을 측정}와 환자 상태 확인하고 경과 기록지를 작성하기 시작한다.

전공의 선생님이 도착하시면 "굿모닝" 인사로 회진이 시작되기 때문이다. 거기다가 첫날인 경우는 방해가 되지 않고 잽싸게 타이밍을 맞춰서 자기소개를 해야 한다.

"제 이름은 OOO이고 저는 인턴입니다."

여기선 본과 4학년을 인턴이라고 부른다. 서열 횡단열차의 끝에 올라타서 교수님이나 전공의 선생님이 하시는 말씀을 부지런히 아이패드에 옮겨야 된다. 경과 기록지의 계획이 가장 중요하기 때문에 중간중간 환자에게 말하는 수술 일정, 관련 치료 계획 혹은 퇴원 계획 및 시행 여부 등 빠지지 않고 다 기록해야 한다. 경과 기록지는 의무 기록이기에 모르는 대로 대충 쓰면 나중에 큰 파장을 일으킬 수 있어 계획이 없거나 흘려들었을 땐 눈치껏 선배들에게 확인을 받는다.

대부분이 영국 출신 교수님들이시지만 인도, 아일랜드, 싱가포르 등 거친 억양이면 같은 영어를 몇 번을 들어도 의사소통이 안 돼 난감한 경우도 있다. 그때는 환자와 교수님의 미세한 표정 변화를 바라보면서 26년 묵은 눈치와 독순술을 총동원해서 유추해야 한다. 교수님께 물어봐도 못 알아들을 확률이 크니 되도록이면 인턴 선생님이나 같은 실습생에게 아이패드를 들이밀면서 묻고, 또 확인한다. 나처럼 조심스러운 학생에겐 실습은 부담스러운 순간들이고, 교수님과 시시콜콜한 일상 대화나 소소한 농담을 주고받는 학생들에겐 공부를 벗어나는 감옥 탈출 카드다.

그 외에 실습생들은 회진 중 간간이 환자의 I&O 차트 수분 섭취 배설량 기록지 파일을 찾아서 건네 드리고 엘리베이터를 탈 경우에는 출입증 카드와 층을 잽싸게 누른 뒤 부지런히 닫힘 버튼을 꾸~욱 눌러서 회진이 지연되지 않게 힘을 쓴다.

퀴즈 내는 걸 좋아하시는 교수님이 걸리면 회진 시간에 질문이 시작될 수 있으니 최대한 눈이 마주치지 않도록 일사분란하게 움직이면서 담당 간호사 선생님께 계획을 전달하는 건 내가 3년간 터득한 '스킬'이다. 눈에 거슬리지 않는 의대생이 되기 위해선 의학 지식보다는 병원 시스템과 각종 문서 보관함 위치를 잘 알고 있어야 한다는 아이러니에 가끔 실소가 터지고 어이가 없지만 그래도 책이 전해주지 못하는 깊이의 배움을 선사해주기도 한다.

너무하다는 생각이 들 정도로 실습생들은 인수인계 하나 없이 실전에 바로 투입이 된다. 학교에서는 그냥 참관이 아닌 미래 '의료인'으로서 일찍 진료하고 진단하는 '스킬'을 현장에서 보고 익히길 원해서다. 회진은 거의 참관에 가깝지만 수술방 참관이 없을 때는 틈틈이 소아내과 환자들을 초진하고 입원시키곤 한다. 여기서 초진이라는 건 환자가 호소하는 증상이 무엇인지, 직접 진찰을 하고 채혈과 흉부 엑스선 등 필요한 검사를 요청하고, 전공의 선생님이랑 상의한 후 가장 의심스러운 질병을 찾아내는 기나긴 여정(?)이다. 물론 하루의 대부분은 입퇴원 기록지와 경과 기록지를 작성하면서 시간을 보낸다. 기록지에는 입원 당시 환자의 상태, 신체검사, 검사 결과, 진단명, 치료 등을 기록하고, 퇴원 전에도 퇴원 계획, 주의사항 등 모든 걸 포함하면서도 잘 요약된 문서로 작성해야 한다. 문서를 작성하기 위해선 환자를 직접 봐야 한다. 환자를 보는 건 횟수론 3년차지만 환자와 보호자 앞에서 이전에 배웠던 소아내과 CPX의 기억을 짜내면서 중요한 질문을 빼먹지 않았는지 초조한 마음이 드는 건 어쩔 수 없다.

증상과 병력에 대해서 이것저것 물어보는 문진을 한 뒤 방방 소리 지르는 아이의 귀를 0.1초 만에 들여다보고 책에서 본 질환 사진들과 연결해보고 심장에 청진기를 대고 심잡음이라도 잡아내려는 일은 매번 나의 미숙함을 마주하는 일이다. 나의 지난 실수들이 쌓여 마음속은 항상 소극적이지만 버벅거리거나 무능해 보이면 신뢰를 잃기에 티를 내서는 안 된다. 하지만 아는 척을 해서도 안 된다. 진단과 치료는 학생 권한이 아니기에 어떤 의학적인 소견도 최대한 조심해야 한다.

그래도 실습생 3년차가 되니 "청진기로 무엇이 들리느냐? 약 먹으면 괜찮은 거냐? 혹시라도 죽는 병이냐?" 등의 불안을 호소하는 보호자들의 질문들을 마다하고 항상 교수님과 상의를 해봐야 하고 검사를 더 해봐야 알 수 있다는 애매모호한 답변의 장인이 되었다.

병원에 온 핵심적인 이유를 간파하고 보호자의 질문들에 등을 돌린 채 의국에 들어가서 허둥지둥 문서를 작성한 뒤 교수님께 환자 보고를 한다. 교수님마다 스타일이 다른데 가장 중요한 점은 디테일하면서도 간단명료해야 한다는 것이다.

처음에는 몇 번 시뮬레이션을 돌리고 외우기도 한다. 다른 학생들도 비슷한 경험이 있었는지는 모르겠지만 처음에는 다음 날에 해야 하는 환자 보고 생각에 시험만큼 떨려서 잠을 설치곤 했지만 매일 루틴처럼 하다 보면 나름 요령이 생기면서 자신만의 스타일을 찾아가게 된다. 교수님은 보고 과정에서 궁금하신 것을 의대생에게 질문하고, 검사 결과 등을 같이 살펴보면서 환자를 보러 간다.

여기서 내과일 경우 심전도검사나 엑스선을 판독하라는 숙제를 내주시기 때문에 내과 로테이션이 끝날 때즘에는 심전도검사와 엑스선 판독에는 숙달되어 있다.

교수님과 환자를 볼 때 가끔 환자의 증상이 30분 만에 달라지거나 내가 진찰했을 때 없었던 증상을 호소하고 있을 때는 세상이 억울하다. 괜히 내가 거짓말쟁이가 된 거 같아서 얼굴이 붉어지곤 하지만 생각보다 흔한 일이기 때문에 교육을 받으면서 낯짝이 두꺼워진다.

경험이 쌓이면 그런 변동이 아무렇지도 않고 오히려 교수님이 내가 했던 질문들에 대한 답을 생각하시면서 진찰하시기 때문에 더 정확한 병력 청취를 할 수 있어서 다행이라는 생각이 든다. 나는 20분씩 걸렸던 진료를 교수님과 함께하면 2분 만에 끝나는 일이 흔한데 그럴 땐 머리를 굴려가면서 써먹었던 CPX 체크리스트가 불필요하다는 걸 느끼는 순간이다.

실수 없는 날들이 조금씩 실수투성이인 일상을 대체하는 요즘에는 어설픈 티를 감추려는 나의 자아와 조금씩 의사의 티가 나기 시작하는 나의 또 다른 자아의 싸움이다.

외과일 경우, 입원 외에도 외래 진료, 수술, 콘퍼런스 등 스케줄은 항상 꽉 채워져 있다. 수술방에서 학생들은 스크럽을 담당한다. 스크럽이란 리

트렉터로 수술 부위가 더 잘 보일 수 있게 적당한 힘을 가해서 고정시키는 역할을 하는 것이다. 또는 작은 봉합을 맡기도 한다.

응급 수술이 발생하면 퇴근은 자연스레 늦어진다. 흔치는 않지만 새벽에 퇴근하는 일이 있으면 집에 가서 눈만 붙이고 4~6시간 후에 다시 출근해야 돼서 여간 귀찮은 일이 아닐 수가 없다. 그럼에도 신경외과와 흉부외과를 포함한 모든 외과는 경쟁률이 높은 인기과다.

외국 대학의 장점은 실습이 8할인 만큼 술기 기회가 많다는 것이다. 담당 교수가 누구냐에 따라서 업무가 달라지지만 외과에서는 수술방에 들어가 보조하고 간단한 봉합을 하기도 한다. 한 동기는 ICU 로테이션 중 응급 헬기를 타고 환자를 운송해야 하는 일이 있었는데 손이 모자라 혼자서 1시간 남짓 심폐 소생술을 시행해야 했다.

다행스럽게도 내 앞에서 일어난 모든 응급 상황 속에서는 항상 전공의 선생님이 계셨다. 같이 실습을 돌던 한 동기는 교수님 지도 아래서 담낭 제거하는 수술을 도맡아서 하기도 했다. 확실히 외국에서는, 본과 4학년은 의대생과 의사 중간쯤에 있다.

정맥 채혈과 흔히 링거라고 부르는 iv 카테터는 물론이고 동맥혈 채혈과 소변줄 끼우는 등 그래도 도움이 되는 일을 한다. 마냥 병풍 같은 학생이 아닌 팀의 일원이라는 생각이 들게 하는 술기들은 언제나 환영이다. 물론 소아과에서는 할 수 있는 일이 제한적이다. 소아 환자의 채혈은 운이 좋으면 할 수 있고, 보통 인턴 혹은 전공의 선생님께서 하신다. 소아 환자의 채혈은 생각보다 의대생이 하고 싶어한다. 하지만 성인 환자인 경우 내가 원한다면 충분히 기회가 주어지기 때문에 이 점은 내가 다니고 있는 학교의 장점이라고 생각한다.

이렇게 나의 일상이 이어진다.

해외 의대의 함정

사실 해외 의대의 경우 입학은 다른 경로보다 쉬울 수 있지만 졸업이 매우 힘들다. 더불어 모국어가 아니라 외국어로 교육과 실습을 받아야 하기 때문에 언어 소통 면에서 매우 힘든 과정을 거쳐야 한다.

그렇기 때문에 해외 의대를 고민하시는 분들은 이 부분을 성확하게 인지하고 결정을 내려야 한다. 해외에 가서 비싼 등록금을 내고 교육을 받았지만 졸업도 못하고 상처만 받고 돌아온다면 그 동안 노력했던 시간이 아까울 수 있으니, 제대로 된 계획을 가지고 자신의 진로를 정확하게 정한 뒤에 실행에 옮기기 바란다.

특히 유학원의 감미로운 컨설팅에 매료되어 자신의 적성이나 취향과 상관없이 유학이나 나라를 정한다면 훗날 후회할 수 있으니 절대로 이성적으로 판단하고 준비 기간도 충분히 두기를 바란다.

누군가에게 도움이 되기 위해 더 열심히

　돌이켜보면 고교 시절, 공부하는 것이 너무나도 힘들었던 기억이 난다. 언제 끝날지도 모르는 어쩌면 여러 해를 또 힘들게 보내야 한다는 불안감도 늘 안고 살았던 그때, 텔레비전에서 중증외상외과 이국종 교수님의 다큐멘터리 영상을 보았다. 생과 사를 넘나드는 현장에서 한 사람, 한 사람의 생명을 살려내는 교수님의 영상은 나의 마음을 다잡을 수 있었고, 다시 책상에 앉아 책을 꺼내들게 만들었다. 그리고 생각했다.

　'나도 이렇게 멋진 의사가 돼서 누군가의 인생에 큰 도움을 줄 수 있는 삶을 살아보자.'

　「의대생 TV」를 시작한 것도 그런 이유였다. 짧은 영상이지만 우리가 시도해본 공부법을 통해 누군가의 성적이 조금이라도 오른다면 혹은 누군가의 인생이 조금은 나아진다면 얼마나 좋을까, 하는 바람을 가졌다.
　이 책도 그러한 이유에서 탄생되었다. 의대는 들어가는 것도 힘들지만 들어간 이후에는 더 힘든 과정이 기다리는 곳이다. 이러한 삶을 아주 조금이나마 먼저 경험했던 사람으로서 예비 의대생에게 작은 도움을 주고 싶었던 것이다.
　『슬기로운 의대생활』이 의대를 준비하는 고등학생과 의대에 진학해 수업을 앞둔 예비 의대생들에게 모두 전달되었으면 좋겠다. 그리고 이 책을 통해 전국에 한 명이라도 응원을 받았다면 이 책을 집필한 저자들의 염원은 이루어진 것이라 생각한다.

의대에 들어와 가장 크게 느낀 점이 있다면 그저 하루하루를 열심히 살아가면 그 순간에는 별거 아닐 수도 있지만 하루하루가 모여 한 달이 되고, 한 달이 모여 일 년이 되면서 힘든 공부가 하나하나씩 끝을 맺는다는 것이다. 하루하루를 뚜벅뚜벅 열심히 살아가는 것만으로도 참 대단하고 멋진 일이라는 것을 실감한다. 여러분들도 목표를 향해 걷는 하루하루를 '좌이팅'하며 걸어가길 바란다.

이 책을 집필하는 데 도움을 주신 다른 모든 저자 분들과 다르게 나는 현재 의대를 휴학하고 새로운 도전을 하고 있다. 어떻게 하면 우리 삶을 보다 더 좋게 만들 수 있을까. 어떻게 하면 우리의 의료 환경과 건강 생활을 더 편안하고 안정되게 만들 수 있을까. 그러한 고민으로 학업을 잠시 중단하고 작은 스타트업을 운영하고 있다. 수술을 잘해서 100이라는 만족감을 한 명에게 주는 삶도 좋지만, 의료의 문턱을 낮춰서 1이라는 만족감을 100만 명에게 주는 삶도 만족스러운 삶이라는 생각이 든다. 쉽지만은 않지만, 하루하루 열심히 살아가는 스스로의 삶이 행복하다.

의학도의 길을 알려주시고, 가르쳐주셨던 제 모든 은사들께 진심으로 감사 인사를 전한다. 그 가르침들을 잊지 않고, 더 좋은 사회를 만들기 위해서 하루하루 열심히 살아가고 싶다. 모두 함께 다시 오늘도 '좌이팅'하자.

2021년 여름

장지호

의사로서의 삶이
다른 사람에게 소중한 영향을 미칠 수 있기를

의과대학 입학 당시 나는 꿈을 품은 학생이었다. 미약하나마 내가 세상에 미칠 수 있는 소중한 영향력에 대한 기대감에 한껏 부풀어 올라 있었다. 아마 나처럼 예비 의대생들도 의사를 꿈꾸며 의과대학 입학을 준비하면서 각자의 꿈과 미래를 조금씩 그려 나가고 있을 것이라고 생각한다. 이와는 반대로, 현재 슬럼프에 빠져 있거나 자신의 꿈에서 한 발짝씩 뒷걸음치고 있는 분들도 있을 것이다. 나도 중학교 때부터 의대를 목표로 두고 공부하면서 매일 슬럼프에 빠졌다가 다시 새로운 꿈을 꾸기를 반복했다. 의대에 입학한 후에도 슬럼프는 항상 나의 발목을 잡았다. 하지만 현재 그 슬럼프는 다시 또 나를 일으키는 매개체가 된다는 사실을 깨달았다.

나도 수능이라는 관문을 마주한 적이 있고 현재는 의과대학 졸업이라는 새로운 관문을 앞두고 있지만, 그 과정이 마냥 순탄했던 것은 아니다. 수험생 시절 수능에 대한 압박감을 이겨내니 그보다 훨씬 큰 압박감이 나를 짓눌렀다. 의과대학 커리큘럼을 소화하다 보면 반복적인 암기와 끝없는 시험의 굴레에 빠지게 된다. 그 속에서 방황도 많이 했고, 공부에 대해 회의도 느꼈다.

하지만 공부, 해부, 실습 그 모든 것에 감흥이 사라진 순간에도 단 한 가지 마음가짐은 놓치지 않으려고 노력했다.

"나의 노력들이 언젠가 사람들의 삶과 건강, 생명까지 영향을 미칠 수 있다."

늘 이런 생각을 하며 힘든 과정을 버텨냈다. 의학은 생명을 다룬다는 점에서 그 자체로 고귀한 학문이며, 현재 여러분이 하는 수많은 노력들은 밑거름이 되어 미래에 상상할 수 없는 소중한 가치로 재탄생할 것이다. 여러분들도 모든 것들이 지루해지고 기계적으로 변하는 순간, 여러분의 일상에 사람들의 삶과 건강, 생명의 소중함을 한 스푼씩 넣고 의미부여를 해보길 바란다. 그 순간 여러분들의 노력이 다시 한 번 추진력을 얻고, 어느새 한 발짝 내딛고 있는 자기 자신을 발견할 수 있을 것이다.

나는 의학이라는 학문을 사랑하고 그 꿈을 향해 치열하게 노력하는 여러분들에게 위로와 응원의 메시지를 보내고 싶다.

특히 『슬기로운 의대생활』은 그런 취지에서 출간하는 책이다. 의학에 꿈을 가진 독자 여러분들을 위해 「의대생 TV」 멤버들이 학교를 다니면서 느낀 수많은 경험과 감정들을 책에 고스란히 녹여내기 위해 정말 많은 노력을 기울였다. 이 책이 독자 여러분들에게 많은 도움이 되고 새로운 터닝 포인트로 다가갈 수 있길 간절히 바란다.

그리고 지금 내가 이 자리에 있게 해준 모든 것에 감사하다.

2021년 여름

함경우

감사의 말

우선 「의대생 TV」에서 이 책을 집필할 수 있도록 도와준 ㈜퍼시픽 도도 홍진희 과장님과 최명희 대표님, 김진식 상무님, 강종찬 부장님께 감사의 말씀을 전한다. 바쁜 와중에도 주저자로서 집필한 한양의대 학생이자 비대면 진료 & 약 배달 어플 '닥터나우' 대표 장지호님과 가톨릭의대 함경우님께도 감사의 말을 드린다.

또한 참여저자로서 책을 함께 꾸며준 「의대생 TV」 출연자 동국의대 최용수님, 순천향의대 조은정님, 전혜림님, 가톨릭관동의대 이은빈님, 가천의대 이승현님, 인제의대 김성준님, 충북의대 최형준님, 뉴질랜드 오타고의대 송지현님 모두에게도 감사의 말을 전한다. 여러 출연자들이 함께했기에 이 책을 입체감 있게 완성할 수 있었다.

지금의 「의대생 TV」가 있기까지 노력해준 상기 멤버 10인과 함께 활동해준 전 멤버인 경희의대 박소리님, 충남의대 진세령님, 인제의대 정준식님, 삼성서울병원 가정의학과 전공의 조해인님, 충북의대 정태균님, 중앙의대 박진우님에게도 감사하다.

지금의 나와 「의대생 TV」가 있기까지 여러 방면으로 도와주신 '넛지헬스케어'의 나승균 대표님, '힐링페이퍼(강남언니)'의 홍승일 대표님, 사적인 아름다움 지유의원의 박기범 대표님, 신촌 세브란스병원 영상의학과 전임의 심용식 선생님, '메디스태프'의 기동훈 대표님, '닥터프렌즈'의 오진승 선생님, 이낙준 선생님, 우창윤 선생님, 서울대학교 비뇨의학과 전문의 안치현 선생님, '사진 찍는 간호사' 서울대병원 응급실 간호사 이강용 선생님, SBS 기상캐스터 전소영님, '엔픽셀'의 김성준 CEO 오피스 팀장님, '여의도 공작학원'의 최선영 선생님, '에프엠가정의학과'의 전승엽 선생님, 서울아산병원 가정의학과 선우성 교수님, 전공의 이서현 선생님, 서울아산병원 정형외과 이호승 교수님, 서울아산병원 성형외과 홍준표 교수님, '메이퓨어 피부과의원' 이석호 원장님, 페이스북 '의학과, 의예과 대나무숲' 관리자님들께 감사의 말씀을 드린다.

무엇보다 「의대생 TV」를 봐주며 따뜻한 댓글을 달아주는 구독자님들에게 감사하다. 더불어 '의사소통호' 매니저 김성희님과 김민아님을 비롯한 모든 멤버 분들에게 따뜻한 위로와 관심에 늘 감사하다.

마지막으로 나에게 힘이 되는 격려와 응원을 해준 여의도 친구들과 선후배들, 울산의대 동기들과 선후배들, 서울아산병원 동기들과 선생님들, 나의 정신적 버팀목이 되어준 전국의 여러 의대생 동료들, 언제나 나와 함께해주는 의형제 심대현, 조대형, 최형준, 장지호 그리고 나를 믿어준 가족 박종출, 김재심, 박아미, 박세연에게도 고마운 마음을 전한다.

「의대생 TV」

대표 박동호

이 책을 집필하신 저자들

박동호

1995년생으로 서울 여의도고등학교를 수석 졸업했다. 2020년 울산대학교 의과대학 의학과를 졸업하고 만 25세의 나이로 의사 면허를 취득했다. 서울아산병원에서 인턴을 거쳐 가정의학과 레지던트 수련 과정 중 새로운 꿈에 대한 열망으로 사직을 결정했다. 본래 수학에 뜻이 있어 서울대학교 수리과학부에 합격했으나 진로를 의사로 바꾸었다. 평소 교육에 관심이 많아 다양한 교육 봉사와 강의를 해왔다. 유튜브 채널「의대생 TV」대표로서, 구독자 14만 명과 총 조회수 2,000만 회 이상을 달성하며 국내 최고의 의대생 유튜브 채널을 만들었다. 현재는 미디어와 헬스케어를 접목한 스타트업 '제로헬스'의 공동대표이자 메이퓨어 피부과의원에서 원장을 겸직하고 있다. 저서로는 청소년교육 분야 베스트셀러『의대생 공부법』이 있다.

instagram : @pulse_ho
좌우명 : 지금 이 순간을 이겨내지 못하면
　　　　거기까지가 내 한계이다.

장지호

1997년생으로 대전 유성고등학교를 졸업했다. 한양대학교 의과대학 의학과에 입학하여 현재는 휴학 중이며, 유튜브「의대생 TV」1기 출연자로 활동하고 있다. 예과 시절 교육 강의와 봉사 등을 다수 진행하였고, 「SBS스페셜 '혼공의 시대'」등에 출연했다. 재학 시절 디자인 수업을 종종 청강해서 세계 3대 디자인어워드 중 IDEA 디자인어워드, IF 디자인어워드를 수상하였다. 현재는 소프트뱅크벤처스, 네이버펀드 등 유수의 투자사로부터 약 120억 원의 투자를 유치하여 국내 1위 비대면 진료 & 약 배달 어플 「닥터나우」 서비스를 운영 중이다.

instagram：@jihojang77
좌우명：하루하루 열심히 살자.

함경우

1996년생으로 서울 중동고등학교를 졸업했다. 현재 가톨릭대학교 의과대학에 재학 중이며 유튜브 「의대생 TV」 2기 출연자로 활동 중이다. 학창 시절에는 대치동, 졸업 후에는 강남 대성에서 재수를 하며 수시와 정시, 논술 공부법을 터득했다. 고등학교 졸업 후 2년간 대치동에서 수학 조교로 학생들을 가르친 경험이 있고, 현재는 수험생을 대상으로 교육 봉사와 강의를 해오고 있다. 「SBS스페셜 '혼공의 시대'」 등에 출연했다.

instagram：@staquin125
좌우명：오늘의 조그만 변화들이 쌓여 미래의 나를 만든다.

이 책을 집필하는 데 참여하신 저자들

최형준

충북대 의대 본과 4학년

「의대생 TV」1기

instagram : @ssemule

좌우명 : 사랑하라, 그리고 네가 하고
싶은 일을 하라(Dilige et fac
quod vis).

최용수

동국대 의대 예과 2학년

「의대생 TV」3기

instagram : @choi_yongs

좌우명 : 지금 달라지지 않으면, 지금과
다른 미래는 오지 않는다.

조은정

순천향대 의대 예과 2학년

「의대생 TV」2기

좌우명 : 진인사대천명(盡人事待天命)

전혜림

순천향대 의대 본과 1학년

「의대생 TV」2기

instagram : @imxxlim

좌우명 : 뜻이 있으면 길이 있다(Where
there is a will, there's a way).

이은빈

가톨릭관동대 의대 본과 1학년

「의대생 TV」 3기

instagram : @weeni_bini

좌우명 : 후회할 현재를 만들지 말자.

이승현

가천대 의대 본과 2학년

「의대생 TV」 2기

instagram : @jellee_sh

좌우명 : 역경을 헤치고 별을 향해

(Per ardua ad astra)

김성준

인제대 의대 본과 3학년

「의대생 TV」 3기

instagram : @s_jun1028

좌우명 : 언제나 부끄럽지 않은
인생을 살자.

송지현

뉴질랜드 오타고대 의대 본과 4학년

「의대생 TV」 1기

instagram : @imsylvi

좌우명 : 당신을 시작하게 하는 것은 의
욕이다. 그리고 의욕을 지속시
키는 것은 습관이다.

슬기로운
의대생활

초판 1쇄 인쇄 2021년 11월 15일
초판 1쇄 발행 2021년 12월 10일
—

지은이 「의대생 TV」 출연진 박동호, 장지호, 함경우
—

발행인 최명희
발행처 (주)퍼시픽 도도
—

회장 이웅현
기획 · 편집 홍진희
디자인 김진희
홍보 · 마케팅 강보람
제작 퍼시픽북스
—

출판등록 제 2004 – 000040호
주소 서울 중구 충무로 29 아시아미디어타워 503호
전자우편 dodo7788@hanmail.net
내용 및 판매문의 02-739-7656~7
—

ISBN 979-11-91455-34-2(43370)
정가 15,000 원

잘못된 책은 구입하신 곳에서 바꾸어 드립니다.
이 책에 실린 글과 사진(그림)은 저작권법에 의해 보호되고 있으므로
무단 전재와 복제를 일절 금합니다.